HANGJIA
DAINIXUAN

行家带你选

三　彩

姚江波 ／ 著

中国林业出版社

图书在版编目（CIP）数据

三彩／姚江波著．－北京：中国林业出版社，2019.1
（行家带你选）
ISBN 978-7-5038-9874-7

I. ①三…　II. ①姚…　III. ①唐三彩－鉴定 IV. ① K876.34

中国版本图书馆 CIP 数据核字 (2018) 第 278422 号

策划编辑　徐小英
责任编辑　沈登峰　曹　慧
美术编辑　赵　芳　曹　慧

出　　版　中国林业出版社 (100009 北京西城区刘海胡同 7 号)
　　　　　http://lycb.forestry.gov.cn
　　　　　E-mail:forestbook@163.com；电话：(010)83143515
发　　行　中国林业出版社
设计制作　北京捷艺轩彩印制版技术有限公司
印　　刷　北京中科印刷有限公司
版　　次　2019 年 1 月第 1 版
印　　次　2019 年 1 月第 1 次
开　　本　185mm×245mm
印　　张　11
字　　数　186 千字（插图约 370 幅）
定　　价　70.00 元

三彩碗·唐代

三彩动物·唐代

黄绿白釉组合三彩花卉纹图案·唐代

三彩执壶·唐代

◎ 前 言

　　唐三彩这一陶器中的奇葩,创烧成功于唐代高宗时期,盛行于开元、天宝年间,天宝后期开始衰弱。唐三彩从其产生、发展、高潮、以至衰弱,仅仅只有几十年的时间,这在中国古代陶瓷史上是绝无仅有的,它也是盛唐时期物质文化极度繁荣的产物,为唐代上流社会的时尚。

　　三彩是一种用白色黏土作胎,用铜、铁、锰、钴等元素的矿物作着色剂,以铅为助熔剂,配制成低温釉,在800℃的温度下烧成,呈现绿、黄、紫、褐、蓝、黑、白等颜色,以黄、绿、白为主,故而得"唐三彩"之名,但并不是说唐三彩只有三种颜色。唐三彩跟一般的釉陶并没有太大区别,只是釉陶的陶土粗,未见用瓷土,而唐三彩多用瓷土,个别为陶土,土质也十分精细。其前身是汉代的铅釉陶器。

　　唐三彩最早出现于唐高宗时期,为下葬用的明器,武则天后期,种类开始增多。唐三彩是盛唐社会的象征,在那个歌舞升平、夜不闭户的年代,财富已非十分珍贵,逝去的人不需要像汉代那样将自己生前的财富做成如陶模、庄园、盆盆罐罐的明器来随葬。唐代人所追求的是更高层次的精神享受,无疑,绚丽多彩,在透明釉中掺入不同的呈色剂就能呈现出不同的颜色,造型新颖、装饰讲究、线条流畅的三彩可以慨然任之,成为我国艺术宝库中罕见的珍品。唐人将唐三彩作为艺术品来欣赏,用这些艺术品作为明器来陪葬是他们不灭灵魂的追求,以至于唐三彩在盛唐时期一直都是作为明器在使用。但并不是所有人在死后都能拥有这美轮美奂的唐三彩。唐政府曾多次颁布不同等级随葬明器数量的规定,这就是著名的三彩随葬等级制度,不达级别的官员不能随葬三彩,一般的官吏很少能够达到随葬唐三彩的等级,以及拥有足够的剩余金钱去购卖这一没有任何实用价值的艺术品。

　　目前发现的唐三彩窑址仅见于巩县窑和铜川窑,其分布也仅限于洛阳、西安附近。后来逐渐出现了一些另类三彩,如在扬州、洛阳等地都有这种三彩的出现,和巩县窑三彩基本相似,这应该是安史之乱以后而烧制的实用三彩,它与以上所说的明器唐三彩有着本质的区别,并不属于艺术品的范畴。显然,在安史之乱动荡不安形势下,唐政府颁布的厚葬等级制度无人遵守,仅仅和汉代的釉陶一样,只是随葬必需的明器而已。在这种情况下唐三彩的地位和艺术品的功能均失去了。但是,

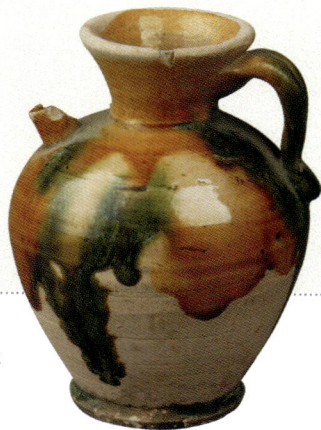

巩县窑三彩注·唐代

使用唐三彩的影响是深远的，在唐三彩之后还出现了辽三彩和宋三彩，以及新罗三彩、奈良三彩等等。目前在日本、印度尼西亚、伊位克和埃及等地都有唐三彩出土。直到今天唐三彩依然是人们最喜爱的艺术品，仿制的唐三彩比比皆是，绚丽的色彩，为我们提供的是一场场视觉的盛宴。

唐三彩在唐代是艺术珍品，更成为后世人们竞相追求的收藏品，收藏之风历代都有。唐三彩器物造型众多，常见的造型主要有碗、盘、杯、枕、武士俑、文官俑、镇墓兽、女立俑、牵马俑、骆驼、井、磨、灶、杵臼、盏、盂、龙柄壶、盘、盉、扁壶等，实际上唐三彩作为下葬用的明器，几乎囊括了生活中的各种器物造型，包括建筑明器、家具、牲畜等等。不过其数量上很少，传世下来的完整器皿更是少之又少，在"物以稀为贵"的价值规律下唐三彩在历代都非常珍贵，具有较高的价值，是重量级的艺术收藏品。然而在暴利的驱使下，唐三彩的伪器也特别多，历代伪品相互交织在一起，使人们真伪难辩。目前市场上伪器的数量要远大于真品，伪器充斥着市场。

本书从文物鉴定的角度入手，结合唐三彩的历史背景，力求将错综复杂的问题简单化，直接阐述鉴定要点，文字简练，兼顾学术性、常识性、趣味性，过于专业、不可操作、与收藏者无关的内容已回避。当读者熟读了本书以后，可以将您收藏的唐三彩器皿与本书所讲的鉴定要点一一对照，相信必然能够由外行转内行，游刃有余地对文物进行鉴定。以上是本书所要坚持的，但一种信念再强烈，也不免会有缺陷，希望不妥之处，大家给予无私的批评和帮助。

姚江波

2018 年 12 月

◎ 目 录

精美绝伦的三彩碗·唐代

三彩白、绿釉组合·唐代

三彩盂·唐代

完好无损三彩碟·唐代

白绿组合三彩盒·唐代

三彩盖罐·唐代

红绿黑白釉组合三彩驼俑·唐代

第一章 综 述

第一节 数 量

一、明器三彩

　　明器唐三彩是精美绝伦的艺术品（图1-1），是唐代物质文化极度繁荣的产物，反映了当时上流社会人们的精神面貌，具有重要的研究、艺术、经济价值。从时代上看，明器三彩的时代主要是唐高宗时期至唐玄宗安史之乱这一段时间，其他时间段基本上不存在真正意义上明器三彩的可能。

图1-1　精美绝伦三彩龙首瓶·唐代

图1-2 手感润泽三彩水盂·唐代

　　从出土地点来看，以洛阳和西安为多见，其他地方很少见到。从烧造温度上看，温度比较低，基本上在800℃左右。从釉质上看，釉质鲜丽，手感柔软，细腻，滋润，棉感强烈（图1-2）。从使用阶层上看，只有达到一定级别的官员才能使用，普通人的墓葬当中一般不随葬三彩。从现代文物的角度看，明器三彩是"物以稀为贵"，具有较高的研究、艺术和经济价值。

二、实用三彩

唐三彩不仅有明器，而且也有实用器。研究资料表明，"从唐三彩的胎料与同窑的白瓷相同或相似，胎烧温度在 1100 ～ 1200℃之间及胎的玻化程度来看，至少有一部分三彩属于瓷的范围"（郎惠云等，1998 年）。我们知道 1100 ～ 1200℃ 的温度，再加之唐三彩的优质高岭土胎，以及淘洗的精炼程度，胎体可以完全烧结（图 1—4），显然已经是一种实用器了，实用性很强，这种三彩在唐代很多，可以说数量远大于明器三彩。不过这种三彩从时代上看主要存在于唐玄宗之后，也就是明器三彩衰落之后。从出土地点上看，全国各地都有见，总量比较大。从价值上看，实用器是明器唐三彩影响的延续（图 1—5），反映了当时社会的兴衰，具有重要的研究价值；造型的隽永，雕刻的凝烁，使得唐三彩具有了较高的艺术价值在研究价值和艺术价值的基础上，经济价值也比较高。鉴定时应注意分辨。

图 1-3 实用三彩枕标本·晚唐

图 1-4 胎体完全烧结实用三彩标本·晚唐

图 1-5 实用三彩枕·唐代

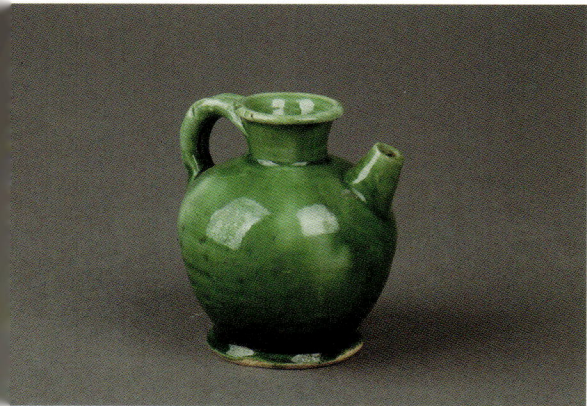

图 1-6 精美绝伦三彩执壶·唐代

三、产 地

唐三彩的产地目前已确定，只有位于洛阳附近的巩县窑和陕西铜川窑，估计还有其他的窑址存在，但现在还没有找到和确定。发现唐三彩的地方目前主要有两处，即西安和洛阳附近（图 1-6），扬州等地也发现过一些唐三彩，但质量粗略，甘肃、山西、浙江等地零星发现过一些唐三彩，质地都较为粗糙，估计应是当地窑场烧制的实用器三彩。关于唐三彩的使用，唐代统治者多次颁布随葬等级的诏令，这是影响唐三彩分布地区的重要因素。洛阳和西安是当时的政治、经济、文化中心，帝王将相、达官显贵、富商云集，在这些地方盛行唐三彩是可以理解的，扬州在唐代也是一座国际性的大都市，是唐代的金融中心，其地位相当于现在的上海，所以在扬州有少量的土窑烧制唐三彩也属正常。唐三彩的出土地点对于唐三彩真伪的判定至关重要，如果不是出在洛阳和西安附近的唐三彩，多数为伪器，应仔细辨认。另外，在古丝绸之路必经之地的许多地方，有些客死在路途中的商人（图 1-7），在其墓葬中可能随葬有 1 件或数件品质较优的唐三彩。然而，这毕竟是凤毛鳞角。鉴定时一定要注意唐三彩的来源。

图 1-7 三彩武士俑·唐代

图 1-8　流光溢彩三彩标本·唐代

第二节　鉴定要点

一、器　物

唐三彩具有鲜明的时代特征。如，三彩罐、瓶等看起来非常丰满，多是丰肩、鼓腹，盛唐文化的时代特征异常鲜明，通体上下都会显露出盛唐文化的特征（图1-8）。最典型的如唐代的女俑取材广泛，有平民女子，年青的艺妓、宫廷侍女、贵妇、嫔妇等。她们多姿多彩，有血有肉，是唐代现实社会的写照，唐人的特征在她们身上表现得淋漓尽致。另外，在鉴定时还要注意到微小的细节。如，精神是否饱满、体态是否丰满、贵妇人手中抱的宠物狗是否像真的狗，眼睛是否有神等等。总之，从她们的身份、年龄、职业以及遭遇来细心的观察，主要是看一看有没有现代人的特征，如大眼睛、双眼皮、胸部过分突出等。再者唐人的文化素养与我们今天不同，要充分了解唐代的社会文化生活，如唐代妇女喜欢袒胸露腹，悠闲自得等。总之，唐三彩在器物造型上十分丰富，几乎囊括了人们生活中的各类器具，如碗、盘、杯、枕、文官俑、镇墓兽、女立俑、牵马俑、骆驼（图1-9）井、磨、灶、杵臼、盏、盂等都有见。假古董无论模仿得再好，最终也是形似而神离，因为唐人的精神世界和时代氛围是无法模仿的（图1-10）。这一点我们在鉴定时应注意分辨。

图 1-9　精美绝伦三彩驼俑·唐代

图 1-10　三彩标本·唐代

图 1-1　粗线条实用三彩纹饰标本·晚唐

二、纹　饰

　　唐三彩的纹饰并不复杂，以凸弦纹、莲瓣、兽面铺首等为显著特征。我们来看西安西郊热电厂二号唐墓发掘的一则实例，"三彩塔式罐，标本 M2：3，通身饰数道凸弦纹"。由此可见该器物之上只装饰了弦纹，看来纹饰并不是很丰富，这一点很正常，因为唐三彩是以突出绚丽的色彩而取胜于其他器物，其特点是简洁、明快。因此有纹饰的唐三彩不是很多，但应注意的是唐三彩的纹饰较其他同类器物精致，线条流畅、刚劲、挺拔，粗线与细线交相辉映（图 1-11）。这是因为唐三彩是陪葬的明器，对相信灵魂不灭的唐人来说，制作自己在另外一个世界里的享用品，是件很隆重的事情，必请雕琢之能手来制作。再者如，巩县窑场里可能已有功力达数十年之久的工匠，多数唐三彩可能都是出自这些人之手，所以唐三彩纹饰的精美程度是可想而知的，因此纹饰不精的唐三彩，极有可能是伪器。

三、数　量

唐三彩是中国古代最主要的日用瓷和艺术品，墓葬和遗址当中都有见，从件数特征上看，墓葬出土多为 1 ～ 2 件（图 1-12），遗址出土以窑址和城址为主，窑址内出土数量有时多达数百件，城址内出土唐三彩器皿的数量较少，在一些古城内出土上万件的标本中，可能只有数件是唐三彩，由此可见，唐三彩在总量上很小。特别是明器三彩的数量更是少见。从窑口上看，明器三彩以巩县窑所生产为主，实用器三彩有见其他一些窑场的生产，如铜川窑、邢窑等。从时代上看，明器三彩以盛唐时代为主（图 1-13），具体在武则天时期至唐玄宗安史之乱这段时间内数量比较多，之后不见；实用三彩在安史之乱之后常见，数量比较多，但其总量相对于同时期的唐三彩，如果与青瓷、白瓷等数量相比显得微不足道，可谓是天壤之别。

图 1-12　色彩斑斓三彩标本·唐代

图 1-13　三彩标本·唐代

图 1-14 精美绝伦完好无损的三彩水盂·唐代

图 1-15 实用三彩枕标本·唐代

四、品 相

唐三彩由于距离今天较为久远，在品相上表现出来的是参差不齐，遗存到今天的唐三彩器皿既有完好无损、精美绝伦之器(图1-14)，更有残缺不全、损毁严重者。从比例上看，明器三彩品相好的完整器比实用三彩要高，其原因很简单，因为明器三彩随葬在墓葬当中，在当时是精美绝伦的艺术品，保护得比较好，理论上只要在墓葬未经过扰乱的情况下明器唐三彩在品相上就不会有问题，不过一旦在墓葬当中受到重压，自然就是支离破碎(图1-15)。而实用三彩在品相上多不是太好，一些小的磕碰由于实用的缘故在所难免，如轻微的口磕和足磕等都有见，再加之保存的环境多数是在城址内，受到土壤的直接叠压，破碎的情况比较多，只有少量三彩器皿经受住了岁月风雨浮尘的考验，今日呈现在我们面前，总之，总体上品相不是太好。由此可见，唐三彩的品相是以明器三彩为主，实用三彩为辅。

五、市　场

品相好的三彩，特别是明器三彩符合了"物以稀为贵"的价值规律（图1—16），具有相当高的经济价值，不过由于明器三彩的数量过少，所以在市场上真正出现的可能性不大。在市场上出现的多是实用三彩，而品相不是太好的实用三彩也有很多，如三彩的残件等，当然随着人们审美观念的改变，以及残缺唐三彩所拥有的科研、艺术等价值的客观存在，近些年来唐三彩残器也在逐步被人们认可，在拍卖市场上频繁出现，在精品被收藏殆尽的今天，品相有问题的唐三彩正在从幕后走向台前（图1—17）。由此可见，在盛世收藏的今天，传统的唐三彩品相观也正在经历巨变，相信唐三彩残件，也会具有较高的保值和升值的功能

图1—16　品相较优三彩碗·唐代

图1—17　略有残缺三彩双系瓶·唐代

六、胎 色

唐三彩在胎体色彩上异常复杂,常见的胎色就有白、红、橙色、橙黄、砖红、黄褐、土黄等（图1-18），可见其胎色种类繁多，但在这些胎色中基本上多属于实用三彩，如，橙色胎、橙黄胎、砖红胎、黄褐胎、土黄胎等，由此可见，唐三彩实用器在色彩上不是纯正，偏色和串色的情况常见；而明器三彩主要以白胎为主（图1-19），很少见到其他的胎色。我们可看一则实例，"三彩天王俑，白色高岭土胎，通高60厘米"（陕西省考古研究所隋唐研究室，2001）。像这样的例子很多，如在上文同一座墓葬当中还出土三彩镇墓兽、塔式罐、七星盘等都是白色高岭土胎，可见白胎显然明器三彩最为重要的胎色特征，偶见有一些红色的胎体，但是色彩也是比较纯正（图1-20），偏色现象严重的胎体在明器唐三彩中几乎不见，这与其艺术品的功能定位有着密切的关联，作为人们精神追求象征的唐三彩必然是胎内胎外一样美，力求达到纯粹。

图1-18 橙红胎实用三彩标本·晚唐

图1-19 洁白胎三彩标本·唐代

图 1-20 色彩较为纯正三彩标本·唐代

图 1-21 胎色洁白三彩胎体横截面标本·唐代

　　胎色在鉴定上具有重要的作用，从胎色不仅可以直接剥离出诸多的鉴定依据，而且可以反映出三彩品质的优劣，特别是对于实用器三彩而言更是这样，色彩的纯正程度越高则表明精致性越好。唐三彩在选料及淘洗等诸多特征上也是异常考究，特别是对于明器三彩来讲，几乎件件都是选料考究、淘洗精炼，从发掘出土的唐三彩胎体横截面上看，胎色洁白、细腻，色彩稳定，美不胜收（图1-21）；实用器三彩在色彩的稳定程度上不是很好，有时表现出偏色和串色的情况，这显然是由于选料不精和淘洗有问题等因素造成的。唐三彩胎色所反映出的窑口特征也特别明确，胎色洁白细者所对应的多是巩县窑，而胎色不纯正三彩则很有可能是实用三彩。胎色特征在客观上已经成为重要的鉴定依据，可以用来判定时代、辨别真伪、以及评判价值。

图1-23　色彩鲜丽三彩龙牙齿标本·唐代

七．釉　色

　　唐三彩以釉色取胜，其釉色常见的有白、黄、绿、茄紫、黑、褐红、天蓝、蓝色等（图1-22），可见釉色比较多，并不像其名字那样只有三种色彩，三彩只是一个统称而已。由于实用三彩在色彩上主要模仿是明器三彩的釉色，所以在釉色上实用器三彩和明器三彩区别并不是很大，只是在釉色的鲜丽程度上有所区别，明器三彩烧造温度低，釉色十分鲜丽（图1-23），而实用三彩由于温度比较高，釉层烧结的程度比较深刻，多少破坏了色彩的鲜丽程度。由此可见，唐三彩在釉色特征上纷繁复杂。而这些繁复的色彩显然成为了众多鉴定的依据，我们可以根据这些不同的釉色特征，剥离出大大小小的鉴定依据。本书将会从时代、窑口等多个方面来揭示唐三彩的釉色，并设计了大量图文的互动，进行详细地论述，希望能够使读者游刃有余地进行对比鉴定。

图1-22　色彩鲜亮三彩盂·唐代

八、窑　口

唐三彩在窑口上具有鲜明的特征，唐三彩主要以河南巩县窑为显著特征（图1—24），陕西铜川窑也烧造有一些三彩，但限制在体积较大的造型之上。巩县窑在技术上非常之高，烧造出了精美绝伦的各种三彩器皿，实际上这一点并不奇怪，许多对于后世影响比较大的瓷器新品种都是由巩县窑烧造成功的，如著名绞胎釉和唐青花等都是由巩县窑首创成功。实用三彩烧造的窑场比较多，全国各地都发现了一些，如扬州、上海等地都发现了实用三彩的标本，比较粗糙，烧造温度比较高，显然是实用三彩。但遗憾的是明器三彩技术失传，在宋元时期仍有生产，但与真正意义上的唐三彩已是天壤之别（图1—25），人们几乎再也没有能够烧制出那令人神往的颜色。鉴定时应注意分辨。

图1—24　巩县窑三彩水注·唐代

图1—25　三彩枕·宋代

图 1-26　夸张的三彩龙造型·唐代

九、功　能

　　唐三彩在功能特征上十分明确，以陈设、装饰、把玩等功能为特征，由于是随葬的明器，并没有任何的实用价值，所以基本上抛弃了其实用的功能，将实用器皿的造型艺术化、夸张化是其显著的特征（图 1-26），当然也取得了良好的效果，明器三彩在造型上以丰盈稳重为显著特征，精美绝伦，完全将三彩变成了人们生活中一种艺术品，成为人们雅致生活的象征；但对于实用唐三彩而言，显然其在功能上更多地体现的是实用与装饰结合的功能，如三彩盒（图 1-27），小巧玲珑，釉质细腻，滋润，造型隽永，但造型并不夸张，而且非常规整，缺乏张扬的艺术气息，但这些目的显然是为了适应其实用性的功能性特征，可以说是在精致程度以及窑口等条件的限制下的生存。

图 1-27　三彩盒·唐代

第二章　胎　质

第一节　原　料

一、高岭土胎

背景信息：中国古代唐三彩多以高岭土为料，这是由高岭土自身诸多优点决定的。高岭土具有胎体延展性好、坚固、不变形等特点（图2—1），在中国古代唐三彩中非高岭土料所占比例很小。其中明器三彩基本上全部以高岭土为料，实用器三彩选料上略微复杂些。

图 2—1　高岭土胎三彩标本 · 唐代

图 2—2　色彩纯正白胎三彩标本·唐代

图 2—3　胎体略粗三彩标本·唐代

鉴定要点：

①从胎色鉴定，不同精致程度的高岭土胎所对应的胎色不同，这一点主要是针对实用三彩而言的，如橙色胎显然比土黄胎要精致些，而细白胎的器皿通常情况下较为精致等；但对于真正意义上的明器三彩这一点是不存在的，基本上对应的都是色彩纯正的白色胎体(图2—2)，其精致程度为精美绝伦的艺术品。

②从时代鉴定，唐三彩在选料上精益求精几乎无缺憾的时代是明器三彩时代，也就是从武则天时期到玄宗安史之乱这一段时间，选料极为讲究。而在安史之乱之后唐代三彩随葬制度基本上失去约束了，粗质的三彩开始出现（图2—3），三彩在胎体的选料上也开始变得的参差不齐，出现了复杂化的趋势。

图 2—4　优良高岭土料三彩标本·唐代

③从窑口鉴定，唐三彩在窑口上达到最高水平的无疑是河南巩县窑。从巩县窑发掘来看，巩县窑以其高超的烧造技术不仅仅在选料上近乎苛刻地选择优良高岭土料（图2—4），而且将其烧造达到最高水平，但巩县窑烧造的基本上都是明器三彩。烧造实用器三彩窑场多为搭烧的产品，在选择胎土上比较复杂，但通过观察基本上高岭土胎占主流地位。

④从精致程度鉴定，高岭土选料的优良程度与唐三彩的精致程度息息相关，从理论上看选料越精、淘洗越精炼，三彩器皿就会越精致，在明器三彩上这一点体现得淋漓尽致（图2—5）。但是对于实用器皿而言，这一定律表现的并不是很稳定。鉴定时我们应注意分辨。

图 2—5　精美绝伦精细高岭土烧造三彩武士俑·唐代

二、黏土胎

背景信息：唐三彩胎体当中黏土胎常见，但明器三彩中基本不见，主要以实用器三彩为主，墓葬和遗址内都有见（见图1—26），从胎体横截面来看，黏土胎还是比较复杂，多是一些掺合料，如夹砂料、夹云母料和夹蚌料等，没有过于规律性的特征，随意掺合在一起。鉴定时应注意分辨。

鉴定要点：

①从胎色鉴定，实用器唐三彩在胎色上特征比较宽泛，涉及到了多种色彩，如橙色、黄褐、土黄、灰黄、红色、橙红、红褐等（图2—6），这与其用料广泛关系密切。这些胎色有的相互串色现象很严重，胎色极不稳定，但有的在色彩上较为稳定，或者至少可以说是局部稳定，总之在胎色上，黏土胎的唐三彩相当不稳定。

②从时代鉴定，实用三彩在黏土胎上时代特征非常明确，与实用器三彩出现的时间是一致的（图2—7），主要存在于唐玄宗安史之乱之后的一段时期，在盛唐时代很少见。鉴定时注意分辨。

图 2—6 橙红胎三彩标本·唐代

图 2—7 橙色胎体三彩枕·唐代

图 2-8 胎体略粗实用三彩标本·唐代

图 2-9 胎体较粗实用三彩标本·唐代

③从窑口鉴定，中国古代实用器三彩在较长的发展历程当中并没有形成专一的窑口，而是诸多窑场在搭烧这种实用的三彩(图2-8)，这些窑场在黏土料上相互之间的差别很大，有的优质一些，有的比较差，还有的近乎原始，总之是参差不齐。

④从精致程度鉴定，唐三彩在黏土胎上与精致程度没有必然的关系，因为黏土胎也有较为精致的唐三彩，但这种比例真的是太小了。所以从现实的角度一旦出现黏土胎三彩其精致程度必然会受到一定程度的影响（图2-9），这一点是显而易见的。由此也可见，实用器三彩在精致程度上显然可以分出精致、普通、粗糙的等级，鉴定时我们应注意分辨。

第二节　胎　质

一、淘　洗

背景信息：淘洗是唐三彩在选料之后所要进行的必要工序，它的目的是要使高岭土料变得更加细腻，以烧造出更加精美绝伦的三彩器皿（图2-10）。对于实用器三彩和明器三彩而言特征很明确，明器三彩淘洗精炼，而实用器三彩淘洗则往往出现复杂化的特征。

图 2-10 淘洗精炼三彩执壶·唐代

图 2-11 胎色纯正高岭土胎三彩釉标本·唐代

图 2-12 淘洗精益求精三彩盒·唐代

图 2-13 盛唐三彩小动物俑·唐代

鉴定要点：

①从胎色鉴定，唐三彩胎体从色彩上看，明器三彩比较简单，而实用器三彩比较复杂，色彩纯正程度越高，表明胎体杂质祛除较为干净，明器三彩在胎色上通常较为纯正（图2-11），很少出现偏色和串色现象，而实用器三彩在色彩上则表现出较多的串色和偏色现象，说明其淘洗可能存在着这样或那样的问题。

②从原料鉴定，唐三彩器皿原料的选择与淘洗的关系十分密切，通常情况下明器唐三彩釉在胎料的选择上较为优良，多选用最好的高岭土料，在淘洗上也是精益求精（图2-12），二者所呈现出正比的关系。但实用三彩在淘洗上有见精炼者，不过更多的是粗糙程度不同的器皿。鉴定时应注意分辨。

③从时代鉴定，唐三彩釉在淘洗上时代特征明确，胎体淘洗精炼的明器三彩主要存在于盛唐时期（图2-13），开元、天宝年间最为常见，时间不是很长。而淘洗略粗的实用三彩主要存在于安史之乱以后。

④从窑口鉴定，中国古代唐三彩釉在淘洗上与窑口的关系比较密切，明器三彩以河南巩县窑为显著特征，淘洗精益求精，几无缺憾。而其他众多烧造实用三彩的窑口在淘洗上则表现出参差不齐，显然在淘洗上不如河南巩县窑精炼。

图 2-14　精美绝伦的三彩碗·唐代

图 2-15　红褐胎三彩标本·唐代

⑤从精致程度鉴定，唐三彩的精致程度与淘洗的关系密切，精致三彩在淘洗上自然精炼，这类三彩以明器三彩为主（图 2-14）。实用器三彩在精致程度上明显存在着精致、普通、粗糙者与淘洗的精炼、普通和粗糙相对应。鉴定时我们应注意分辨。

二、胎　色

1. 种　类

中国古代唐三彩在胎色上具有鲜明的时代特征，常见的胎色主要有白胎、橙色胎、黄胎、红胎、土黄胎、砖红胎等（图 2-15），由此可见，中国古代唐三彩在胎色种类上十分丰富。先来看两则实例：

图 2—16 白胎三彩标本·唐代

（1）白胎：白胎是明器唐三彩最主流的色彩，数量最多，色彩纯正，是其单一色彩的显著特征，明器三彩也有见（图 2—16），但是在数量上不是太多，显然不是色彩的主流。

鉴定要点：

①从胎色鉴定，唐三彩白胎以视觉为显著特征，并以视觉为判断标准，以较纯正的白色为多见（图 2—17），但并非色版一般的白色，基本上不见偏色和串色现象，昭示着唐三彩极为精细的胎体。

②从造型鉴定，唐三彩在造型上与胎色的关系不明确，明器三彩的造型涉及众多，如碗、盘、杯、枕、武士俑、文官俑、镇墓兽、女立俑、牵马俑、骆驼、井、磨、灶、杵臼、盏、盂、龙柄壶、盘、盅、扁壶等都有见，几乎囊括了人们生活中方方面面的器物造型（图 2—18），如果是明器胎体基本上都应该是白胎；如果是实用器皿，胎体白胎的可能就不是很大，这一点很明确。由此可见，实用器与明器区分的核心内容，一般情况下如井、磨、灶、杵臼等明显为明器造型，胎体基本上都是白色的，而枕、碗、盘等实用器造型较复杂，我们在鉴定时应特别注意分辨。

图 2—17 色彩较为纯正三彩标本·唐代

图 2-18 白胎三彩武士俑·唐代

图 2-19 白胎明器三彩横截面标本·唐代

③从时代鉴定，白胎的唐三彩在时代特征上十分明确，主要以盛唐时代为显著特征，多限制在开元、天宝年间（图 2-19）。而实用器皿三彩的白胎在时代特征上主要以玄宗安史之乱之后为显著特征（图 2-20），不过显然实用器三彩白胎的数量比较少。鉴定时应注意分辨。

图 2-20 白胎三彩标本·唐代

图 2-21　白胎三彩标本·唐代

④从窑口鉴定，唐三彩的白胎以著名的河南巩县窑为显著特征，陕西铜川窑也有一部分大型的三彩器皿，这两个窑口所生产的三彩以明器为主。而实用三彩中有见少量的白胎（图 2-21），则分布在诸多的窑口当中。鉴定时应注意分辨。

⑤从精致程度鉴定，白胎唐三彩与精致程度的关系极为密切，白胎无论是对于明器和还是实用器三彩而言都意味着精致器皿，这一点很明确。

（2）砖红胎：砖红胎唐三彩有见，佢数量并不是很多（图 2-22），但是很典型，主要出现在实用三彩器皿之上，明器三彩上不见。

鉴定要点：

①从胎色鉴定，砖红胎在色彩上特征非常明确，就是如同烧砖的色彩一般，应该是最为原始的色彩之一（图 2-23），这些色彩掩盖在三彩绚丽的色彩和华丽的外表下，的确使人诧异，但现实中的确是存在的，主要以实用三彩为主，实用三彩器皿本身考虑更多的是其成本的降低，所以在选料上比较差，没有选择高岭土料，而是直接选料了黏土胎，这才导致了这种胎体色调的产生，从色彩纯正程度上看，较为纯正，偏色等现象不像想象中的那样严重，已经完全成为了一种独立的色彩。

图 2-22　砖红胎三彩釉标本·唐代

图 2-23　砖红胎三彩釉胎体横截面·唐代

图 2-24　砖红胎三彩瓶·唐代

②从时代鉴定，砖红胎的唐三彩在时代
特征上非常明确，盛唐时期基本不见，以唐
代安史之乱之后为显著特征（图 2-24）。鉴
定时应注意分辨。

③从精致程度鉴定，唐三彩砖红胎体与精致程度的关系十分密切，砖红的胎体意味着选料为黏土了，本身在选料上存在问题，所以基本上与最为精致的明器三彩无缘，主要对应的是普通、甚至是粗糙的三彩器皿（图2-25）。

④从窑口鉴定，砖红胎在窑口特征上是河南巩县窑等主流烧造唐三彩的窑口基本上不烧造，而主要是在一些乡村级的窑场进行搭烧为主，鉴定时应注意分辨。

2. 相近性

中国古代唐三彩在胎体上具有相近性的特征，如：

橙色——橙黄

砖红——红褐

红胎——橙红

很明显唐三彩的这些色彩之间存在着相近性的特征，显然这些色彩与黏土胎有着密切的关联，可能是黏土胎的一种（图2-26），主要以实用三彩为显著特征，明器三彩的可能性很小。但在数量上比较丰富，

图 2-26 橙红胎三彩标本·唐代

图 2-25 砖红胎三彩标本·唐代

图 2—27　三彩标本·唐代

图 2—28　白胎精致较精致三彩标本·唐代

3. 差异性

中国古代唐三彩在胎色上存在着不同的色彩阶段，差异性特征还是比较大：

白胎——橙红胎

白胎——红胎

白胎——砖红胎

由此可见，唐三彩在胎色上存在着巨大的差异性特征，如白色和红色基本上是对立的色彩，如此大的色彩差异的出现令人难以置信，但这的确是出现了。不过特征比较明确，白胎主要为明器三彩的胎色，而其他如橙红胎、红胎、砖红胎等都属于实用三彩的范畴（图2—27）。因此从本质上看，唐三彩在色彩上的对立性实际上体现了明器三彩和实用器三彩之间的根本对立；同时也体现出了精致三彩和普通、粗糙三彩之间的区别（图2—28）。另外，这些是色彩基本上都是独立存在的，不存在白胎和其他色彩共生于同一件器物之上的情况。

图 2-29　精细胎三彩水注·唐代

图 2-30　胎体较为精细三彩碗标本·唐代

三、精细胎

中国古代唐三彩在胎体的精细程度上具有鲜明的特征，基本上以选料优良、滔洗精炼、胎色稳定、胎体匀厚、胎质精细、不变形等为显著特征，精细胎的数量在明器三彩中占据绝对主流地位（图 2-29）。不过精细胎体在数量上显然还是受到了一些限制，主要有以下三点：

1. 从时代性鉴定

唐三彩器皿在时代特征上比较明确，就是以盛唐时期的明器三彩为主，可以这样讲，所有的明器三彩都是精细胎体。实用器三彩中也有一部分胎体较为精细（图 2-30），但数量很少，在时代分布上主要存在于唐代中后期。鉴定时应注意分辨。

2. 从窑口性鉴定

中国古代精细胎的唐三彩在窑口特征上十分明确，以著名的河南巩县窑为显著特征。巩县窑在唐代既烧造出了唐三彩，同时又迅速使三彩在工艺上达到了巅峰状态，这种成就不是每一个窑场都能达到，它要求有着深厚的文化和技术积淀（图 2-31），其他的窑场所烧造的

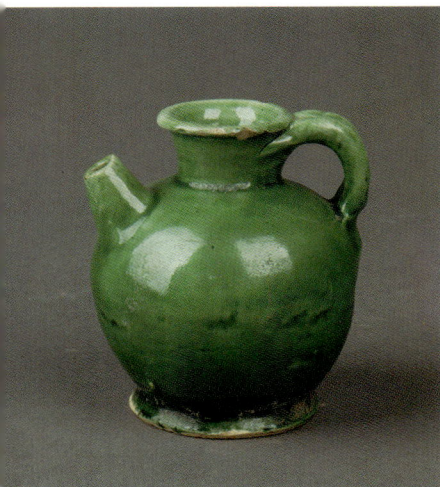

图 2-31　巩县窑精细胎三彩执壶·唐代

唐三彩釉器皿有见，如陕西的铜川窑也烧造出了精美绝伦的唐三彩，但还没有证据证明铜川窑完全有能力和巩县窑一样烧造门类齐全的唐三彩器皿。烧造实用三彩的窑口不固定，在精细胎的数量上也是参差不齐，从总量上看精细胎的数量很少。

3. 从色彩性鉴定

精细胎的唐三彩在胎色上显然特征是明确的，胎色纯正是其最主要的色彩，再加之白胎是其显著特征，当然这里所述的三彩针对的只是明器三彩。实用三彩在胎色上纯正的程度下降。

总之，从数量上看，唐三彩精细胎显然是明器三彩的主流，白胎显然是精细胎的主流，对于明器三彩而言精细胎体不是某一个个体，而是统一的整体，这是很多艺术品都难以做到的，但是唐三彩做到了（图2—32），由此可见，明器三彩精美绝伦的程度。唐墓中一般情况下很少出土精细胎的明器三彩，但一旦出土数量比较多，从器物造型上看也是各种造型都有见。鉴定时应注意分辨。

图2—32 巩县窑精细胎三彩罐·唐代

四、略粗胎

背景信息：中国古代唐三彩中经常可以看见到一些略微粗糙的胎体，但这种三彩主要限于实用三彩，这是不可否认的，但从整体数量上看，略粗胎的胎体不占主流地位。从概念上看，略粗胎的胎体没有过于大的缺陷，只是胎体之内有时可以看到一些气孔，个别还可以看到颗粒较大的杂质，偏色现象有见（图 2—33），不过一般情况下这些缺陷不会集中存在一件唐三彩之上。当这些特点都集中出现在一件器物之上时，这些缺陷通常会表现出相对的弱化，总之，中国古代实用唐三彩胎体显然是以这种胎体精致程度为主流。

图 2—33　橙红胎三彩标本·唐代

鉴定要点：

①从时代特征鉴定，中国古代实用唐三彩在略粗胎的表现上特征明确，在唐武则天到安史之乱这一段时间内，略粗胎的唐三彩有见（图2-34），但数量很少，基本上可以忽略不计。主要以安史之乱之后为主，唐玄宗安史之乱以后略粗胎的胎体逐渐成为主流。在胎体上出现了粗糙化的倾向，如胎体内会产生气孔，过于明显的一些杂质等都会见，这些都是盛唐三彩中不可想象的事情。

②从窑口鉴定，中国古代唐三彩略粗胎者在窑口特征上十分明确，著名的窑口中不见，如河南巩县窑中就不见。巩县窑它作为一个具有光荣传统的窑场，它的精品理念是非常强的，从遗址发掘情况来看，在大唐衰落以后巩县窑就很少烧造唐三彩了（图2-35），由此可见，它宁可不烧造也不愿意烧造一些粗质的产品。大量略粗胎的唐三彩釉的产品多数是在一些仿烧巩县窑的窑场中烧造的，总之是以搭烧的窑场为显著特征，不同的窑场在略粗胎的程度上略有差异性特征。

③从精致程度鉴定，略粗胎与精致程度之间实际上存在着较为紧密的关联，略粗胎与明器三彩基本无缘（图2-36）。同时也很少见到精致的三彩，主要以普通和粗糙的实用三彩为显著特征。

图2-34 略粗胎三彩盂·唐代

图2-35 略粗胎三彩枕·唐代

图2-36 略粗胎三彩标本·唐代

图 2-37 粗胎三彩标本·唐代

图 2-38 粗胎三彩标本·唐代

图 2-39 粗胎三彩标本 唐代

五、粗 胎

时代背景：粗胎在唐三彩中有见，墓葬和遗址内都有出土，以遗址出土为多见，其显著特征是有一些较为严重的缺陷，如杂质、偏色较甚、串色、变形、瓷化程度、胎质疏松、胎内有气孔等诸多特征（图 2-37）。而且这些有问题的特征往往会较为集中地存在，同时出现在一件三彩标本的胎体横截面上，看起来非常的粗糙。这类胎体主要出现在实用三彩之上，精致的明器三彩之上很少见到，或者可以说不见。

鉴定要点：

①从时代特征鉴定，粗胎的唐三彩具有鲜明时代特征，盛唐时期的三彩上基本不见，特别是明器三彩中不见，主要以玄宗安史之乱之后较为多见，在安史之乱之后唐代社会有盛转衰，粗糙的唐三彩频频出现，最后成为一种常态，温度升高，不再烧造随葬的艺术品，而只是保留了这样一种艺术形式（图 2-38）。转而进行实用器皿的烧造，而我们知道实用就比较复杂了，既要销售给达官贵人，也要烧造出适合贫穷人家所需要购买的价格低廉的产品，在这样的背景之下粗胎的三彩就大量出现了。

②从窑口鉴定，粗胎的唐三彩在窑口特征十分明确，在唐三彩的烧造中主流窑场，特别是盛唐时期的河南巩县窑和陕西铜川窑等窑场基本上不烧造粗胎的三彩。而主要以安史之乱以后的诸多非主流窑场的搭烧为主（图 2-39），只不过不同的窑口在粗胎在出现的比例上有所不同，而且没有规律性的特征。

③从精致程度鉴定，粗胎的唐三彩与精致程度的关系十分明晰，粗胎首先与精美绝伦的明器三彩无缘，同时与较为精致的实用器三彩也无缘。实用三彩中的普通器皿也很少见，主要是在实用三彩的粗糙器皿中多见（图2—40），有一定的量。我们在鉴定时应注意分辨。

图2—40　粗胎三彩标本·唐代

六、夹砂胎

中国古代唐三彩胎夹砂胎的情况有见，特征比较复杂，明器三彩中不见，主要以实用三彩上为多见（图2—41）。从概念上看，之所以器物要夹砂，其目的主要是为了在烧造温度低的情况下加入沙砾，从而增加它的硬度，更加实用。明器唐三彩作为大唐物质文化的象征，精美绝伦的艺术珍品，显然不需要夹砂。而实用器三彩显然是需要的，因为涉及到成本，以及技术力量，在唐代衰落之后唐三彩出现的世俗化过程当中，夹砂胎体的实用三彩大量出现了。从窑口上看，夹砂的胎体主要是以民间窑场所仿烧唐三彩为多见（图2—42），搭烧的特征比较明显；从精致程度上看，夹砂胎体一般气孔、杂质等缺陷都比较多，显然与精细胎无缘，夹砂胎所对应的唐三彩器皿在精致程度上主要是普通和粗糙的器皿，与精致的三彩基本也无缘。

图2—41　夹砂胎实用三彩标本·唐代

图2—42　夹砂胎三彩标本·唐代

七、略厚胎

中国古代唐三彩在胎体上多数是略厚，这一点是非常明确的，无论从巩县窑的唐三彩，还是从其他窑场生产的唐三彩器皿上都可以看得很清楚，由此可见，中国古代唐三彩并不排斥厚胎的存在，这一点无论是实用三彩还是明器三彩都基本相当（图2-43）。当然从概念上看，唐三彩的厚胎度绝不是非常的厚，而只是略厚一些，这个厚度比薄胎要厚得多，但是比厚胎要薄得多，总之是以视觉为判断标准。从明器和实用器上看，明器唐三彩的厚度在微观上显然比实用器还要厚些，其原因很简单，明器是不实用的器皿，所以在厚度上自然没有限制，在唐代盛行丰盈时尚之下，明器三彩在胎体上多数是较厚的。而实用三彩厚度毕竟是有限的，它的胎体只能在保证造型的情况下略厚，并不能像明器三彩那样为了美的需要一味地厚重，因为这样会影响到实用。从窑口上看特征很明晰，无论是诸多窑场搭烧的实用三彩，还是著名的巩县窑烧制的明器三彩基本上胎体都是略厚，没有过于规律性的特征（图2-44），鉴定时应注意分辨。从精致程度上看，唐三彩釉的略厚胎与精致程度没有过于紧密的联系，精致、普通、粗糙的器皿都有见。

图2-43 略厚胎三彩标本·唐代

图2-44 略厚胎三彩标本·唐代

图 2-45　瓷化程度较低三彩瓶·唐代

图 2-46　瓷化程度较高三彩标本·唐代

八、瓷化程度

中国古代唐三彩在瓷化程度上特征鲜明，明器三彩的烧造温度在 800℃左右，温度较低，属于低温釉的一种，这样的温度烧造出来器皿，胎体依然还具有较强的吸水性，但色泽较为鲜嫩（图 2-45）。而实用三彩的烧造温度可以达到 1100℃左右，由此可见，实用三彩在瓷化程度上的确是比较好，这样的器皿已经具有不吸水，坚硬，敲击可以发出金属声的特点，完全可以达到瓷质的程度，是真正意义上的实用器（图 2-46）。从时代上看，明器唐三彩主要生产于唐高宗至唐玄宗安史之乱这段时期内，而瓷化程度较高的实用三彩主要生产于安史之乱之后。由此可看，对于唐三彩的瓷化程度而言主要分为明器和实用器唐三彩两种。

图2-47 胎体有明显气孔三彩标本·唐代

图2-48 胎体有气孔三彩标本·唐代

九、气 孔

中国古代唐三彩在胎体气孔上特征比较明晰，总体来看有气孔的情况还是比较严重，墓葬和遗址当中都有见（图2-47），而且这一点明器和实用器三彩从胎体横截面上看基本相当。从形成的原因上看，气孔实际上主要是由于胎体的疏松、以及烧造温度过高而形成，它的形成是一个综合的过程，如选料、淘洗、瓷化程度等无论哪个方面出了问题都可能形成气孔，而我们知道明器三彩虽然选料优良，淘洗精炼，但是烧造温度低，这样容易形成气孔，而实用三彩虽然温度较高，但是选料和淘洗都不精，这样的器皿显然也很容易形成气孔，从理论上讲即使再精致的唐三彩或者陶器在胎体的横截面上都会出现气孔，但是对于唐三彩而言的确是比较严重。从时代上看，唐三彩有气孔在时代特征上显然没有规律性的特征，无论在盛唐还是在安史之乱之后都有见（图2-48）。从窑口上看也没有过于复杂化的特征。鉴定时应注意分辨。

十、杂 质

中国古代唐三彩胎体上有见杂质的情况比较普遍，明器三彩在杂质上也经常有见，实用三彩在胎体横截面杂质多数较为严重（图2–49），完全看不到杂质的情况很少见，这一点也是正常的，因为从理论上讲杂质是不可避免的，任何胎体之上都应该有杂质的存在，只不过是我们的视觉观察不到而已，如果我们从唐三彩胎体横截面上观察不到杂质的存在，就称之为胎体匀净；如果能够观测到，显然已经是有了轻微杂质；如果能够明显地看到杂质，杂质的颗粒还比较大，显然这就是严重杂质。从严重程度上看，胎体匀净的情况基本上属于明器三彩的概念，绝大多数明器三彩从视觉上很难真正观测到杂质的存在，属于匀净的范畴，但是有时也偶见有轻微杂质的情况；对于实用器三彩而言，观测它的胎体横截面较为复杂，胎体匀净的情况有见，但数量很少，基本上为偶见。轻微杂质的情况时常有见（图2–50），严重杂质的情况也是经常有见，轻微杂质与严重杂质基本上形成了两大格局。

图 2–49 胎体有杂质三彩器皿·唐代

图 2–50 胎体有轻微杂质三彩标本·唐代

图 2–51 胎体有明显杂质三彩枕面·唐代

由此可见，唐三彩胎体的杂质特征可以说基本上是实用三彩的特征。从时代上看，唐三彩在杂质上的特征很明显，盛唐时期的三彩很少见杂质，而衰落期的唐三彩胎体之上杂质较为常见。从窑口上看，唐三彩在胎体上有杂质者窑口特征比较明确，如巩县窑烧造的三彩基本上杜绝了胎体内杂质的存在，但其他窑场所仿烧者杂质存在的可能性很大，而且是参差不齐（图2–51）。从精致程度上看，精致的唐三彩上很少见胎体上有杂质的存在，杂质主要存在于普通和粗糙的实用器皿三彩之上。鉴定时应注意分辨。

十一、艺术品特质

中国古代唐三彩在胎体上所表现出的艺术品特质特征非常明显，主要表现在明器三彩之上。实用器三彩在艺术品特征表现不是很强烈，这自然与其实用的功能有关。明器三彩选料精良、淘洗精炼、烧造温度适宜、色彩稳定、致密、坚硬、均匀、细腻、洁白，这些特点使得唐三彩的胎体精益求精（图2—52），精美绝伦，使人犹如幻境，只有在这样尽善尽美的胎体之上塑造出来的造型才有可能达到最，并与绚丽釉色相映成趣，互为依托，真正达到了内外一致美的内涵，体现出唐代社会包容一切，唐人"身心一致""天人合一"的精神风貌（图2—53），这是其文化内涵的根本体现。鉴定时我们应注意体会。

图2—52　洁白高岭土胎标本·唐代

图2—53　"内外皆美"三彩标本·唐代

十二、规　整

中国古代唐三彩在胎体的规整程度上特征鲜明，以规整为显著特征，无论是实用和明器三彩上都很少见到胎体有变形的情况（图2-54）。当然这与唐三彩较厚的胎体有关，因为略厚的胎体即使在温度较低的情况下也不容易变形，这一点很明确。反倒是偶见有一些实用三彩器皿有变形的情况，按道理讲实用三彩的烧造温度很高，不应该有变形的情况，但这与烧造态度密切相关，明器唐三彩是精美绝伦的艺术品，人们烧造它的时候都是用心去烧造，所以即使温度低也很少见到不规整的现象。但是实用三彩却不是这样，是人们日常生活当中实用器，人们对于它的烧造态度自然比不了明器三彩，特别是对于一些较为粗糙的三彩烧造态度较为随意，随意放松的结果就是有时会出现一些变形的器皿，但这些变形的器皿一般情况下不是很严重，并不影响其实用的功能，所以在当时也被销售掉了，这就是我们现在可以看到一些胎体变形器的原因，鉴定时应注意分辨。从时代特征上看，中国古代唐三彩规整程度在时代特征上鲜明，盛唐时期很少见到明器三彩有变形的情况，而在唐晚期出现的实用唐三彩上有见，鉴定时应注意分辨。从窑口上看特征也非常明确，河南巩县窑及其一些著名窑口很少出现变形的情况（图2-55），多是一些搭烧的实用器皿有这种情况。从精致程度上看，规整的唐三彩主要与精致程度密切相关，不规整的唐三彩与精致无缘，主要是一些普通和实用的器具。鉴定时应注意分辨。

图2-54　胎体规整三彩双系罐·唐代

图2-55　胎体规整三彩罐·唐代

图 2-56　胎质细腻三彩小动物·唐代

图 2-57　胎质细腻三彩釉标本·唐代

十三、细　腻

　　中国古代唐三彩釉胎体在细腻程度上具有两极化的特点，明器三彩在细腻程度上比较好，观察胎体横截面几乎都是细腻的胎体（图2-56），这与明器三彩为精美绝伦艺术品的功能有关，具有选料考究、淘洗精炼、做工精湛等特点，鉴定时应注意分辨。而实用器三彩在胎体细腻程度上不是很好，细腻的程度有限，细腻胎体的数量有限，这自然与其实用器的功能有关，正因为是实用所以在胎体的细腻程度上往往会出现这样或者那样的问题。首先在选料上不是很优良，这主要是由于成本的限制，淘洗不是很精炼的原因除了成本上的缘故，还应该有烧造态度上的问题，这些问题共同导致了实用三彩在胎体上细腻程度的问题。从时代上看，细腻的胎体主要以盛唐时期明器三彩为主，唐三彩在工艺上达到了最高水平，而在唐后期较为多见的实用器三彩上在细腻程度上常见这样或者是那样的问题。从窑口上看也是这样，巩县窑生产的三彩胎体多细腻，很少有见胎体粗糙者，而其他仿烧窑口生产的实用三彩则常会出现问题（图2-57），特别是在细腻程度上不够。从精致程度上看，唐三彩胎体的细腻程度与精致程度的关系密切，精致的三彩在胎体的细腻程度上较好，而普通和粗糙三彩则在胎体的细腻程度上表现不是太好。

十四、疏 松

中国古代唐三彩胎体疏松的情况有见，这一点无论是明器三彩、还是实用器三彩都是这样，无论是精致三彩还是普通、粗糙三彩都是这样（图2—58），由此可见，唐三彩胎体疏松基本上是其一个显著特点。这一特征的形成主要与烧造温度有关，无论选择再优良的高岭土，淘洗如何精炼，但是只要烧结程度不够自然会产生一些胎体疏松的现象，但是这对于明器三彩而言显然不是缺陷，因为明器三彩本身就是不实用的，它只是要烧出最为精美绝伦的艺术品。对于实用三彩这的确是一个缺陷，但这是实用三彩的选料以及做工等固有特征所决定的，因此同样的结果，我们要分析它形成的原因，不然只看现象不看本质，是不能解决鉴定问题的。这一点我们在鉴定时应注意分辨。另外，从时代及精致程度上看，基本上特征一致，就是胎体疏松者常见。

图 2—58 胎质疏松三彩釉标本·唐代

第三章　完　残

第一节　完　好

　　中国古代唐三彩中完好无损者有见，墓葬和遗址都有见（图 3-1），墓葬出土一般为 1 至数件，数量较多者有见数十件的情况，特别是在一些大墓当中发现数量比较多，如武则天的孙女永泰公主的墓葬当中就随葬了 100 多件唐三彩器皿，再如唐代高力士的墓葬当中也都随葬了较多的唐三彩器皿，所以唐三彩器皿一般不发现，一旦发现数量比较多，多是一些等级比较高的人的随葬品，但这些明器三彩很多都不完整，主要是地下的保存环境复杂，如果说墓葬保存的比较好，没有经过扰乱，那么完整的器皿就较多，但是如果相反，那么三彩残缺的情况会比较多，因此对于明器三彩来讲完整的器皿和残缺的器皿基本上是平分秋色（图 3-2）。但是对于实用三彩而言就不是这样了，由于在当时就是实用器，使用过程的损耗在所难免，再者保存的环境多数是在城址，保存环境恶劣，直接受到来自于土壤的重压和地层的扰乱，以至于我们现在看到的大多数实用器三彩的完整器很少。由此可见，中国古代的唐三彩器皿虽然流光溢彩，亦真亦幻，但是保留到今天的完整器真的是太少了，我们应该很好的保护它，使它能够继续穿越时空，历久弥新。鉴定时应注意分辨。

图 3-1　完好无损三彩碟·唐代

图 3-2　残缺为片状三彩标本·唐代

图 3—3 沿部略有残缺三彩盂 · 唐代

第二节 残 缺

一、残 缺

中国古代唐三彩残缺的概念很容易理解，首先是有残器，而且有缺失，残缺的部分无法找到，这是一个综合性的概念。中国古代绞胎唐三彩在残缺上却比较复杂，从程度上可以分为轻微残缺和严重残缺两种情况。具体我们来看一下：

轻微残缺。轻微残缺的唐三彩较为常见，如有足磕、口磕、划痕等轻微残缺的情况经常有见（图 3—3），但轻微残缺在明器三彩上很少见，主要存在于实用器三彩之上，这一点很明确。原因很简单，就是因为明器三彩不实用，所以也不会出现口、足磕碰的那些实用痕迹，如果有多半为伪器。而实用器自然会有这些痕迹。从时代上看，轻微残缺的唐三彩釉在时代上并没有过于复杂的特征，以衰落期的实用三彩为显著特征。从窑口上看，以主流烧造唐三彩的窑口之外的窑口为显著特征。

严重残缺。唐三彩严重残缺的情况比较常见，这种情况在墓葬和遗址当中都有见，但主要以遗址为显著特征，窑址和城址内的唐三彩残碎的情况最为严重，基本上都是严重残缺（图 3—4）。窑址内有见明器三彩严重残缺的情况，如巩县窑就有见很多严重残缺，但是城址内严重残缺的基本上都是实用三彩，这一点是明确的，大多数已经碎成了片状。鉴定时应注意分辨。

图 3—4 严重残缺三彩标本 · 唐代

图 3-5　可以复原的三彩注·唐代

二、复　原

中国古代唐三彩器皿可复原的有见。从概念上看，复原顾名思义就是可以恢复原样有残器，在复原上主要有两个方面的内容：

一是自然复原。主要是指有残缺的器皿，但是这些残缺的部分都可以找到，如墓葬当中碎成片状的三彩，我们依据文物修复的原则可以将它们一一拼合起来，最终恢复其原有的造型，这样的器皿很常见，以唐三彩的马、壶等较为复杂的器皿为多见。通常可以自然复原的器皿多数在墓葬当中出土，虽然受到压力成为碎片，但这些碎片没有经过地层的扰乱，都在一起，这样的器皿我们称之为自然复原。考古修复多为自然复原，这种复原并不掩饰其修复的痕迹，如裂缝等。

模具复原指的是有复原依据的三彩，如唐三彩的碗，只要有底有口沿部分的联接，从理论上讲都是可以将其复原的。一般情况下通过医用的打样膏打样，将原有的部分无限复制，在理论上就可以恢复造型（图 3-5）。另外，从计算机上利用三维扫描仪等技术也能将其复原，这样的复原完全是建立在科学的基础上，因此是可信的。从时代和窑口上看，无论是自然复原还是模具复原，由于具有偶见性，所以规律性特征不是很强。我们在鉴定时应注意分辨。

三、缺　失

　　缺失的概念比较容易理解，就是指中国古代唐三彩器皿有残缺，但缺失的部分不能够找到，我们来看一则实例，"三彩子母盏1件。浅圆盘，下附小平底状圈足，盘内残存3只小盅，盅与盘底不连，饰橙、绿、红三彩"（偃师商城博物馆，1995年）。由此可见，盘内只残存了3只小盅，而其他的盅可能永远无法找到，这样的情况就是典型的缺失概念。再者如碗、盘等器皿不能够找口沿、腹部以及底足衔接可复原的标本，这样的器皿也就成为了有缺失的器皿。从数量上看，主要以城址发掘出土的实用三彩为主（图3-6）；从时代上看，中国古代唐三彩器皿在缺失特征上没有过于明确的时代特征；从造型上看，器物造型较大或者是比较复杂的器皿容易缺失，而一些小件的器皿反而容易保存下来。

图3-6　无法复原的三彩枕标本·唐代

图 3-7 修复痕迹明晰三彩龙首瓶·唐代

图 3-8 完好无损三彩碗·唐代

四、裂 缝

中国古代唐三彩中有裂缝的情况十分常见（图 3-7），裂缝的成因比较复杂，多数是由于外力作用的结果，使这个器物支离破碎，我们在复原过程当中会形成裂缝，这样裂缝的概念比较直观，也较为常见。但还有一种情况就是受到外力的作用，裂缝未能穿透胎体，很多这样的器皿常以完整器的姿态出现，殊不知在胎体上已是有了裂缝，只是我们的视觉观测不到而已。所以说从裂缝的成因上看主要有两个方面的特点，一是修复当中形成的裂缝，二是未穿透胎体的裂缝。从明器和实用器上看，裂缝是一种缺陷，它的形成有不确定性，所以无论是明器三彩还是实用器三彩都有可能出现裂缝的情况，这一点很明确。裂缝的存在对于文物保护来讲很危险，特别是未穿透的裂缝，又存在于不明显的地方，有时我们很难观测到，这样很容易对其造成二次伤害。同时也给作伪者提供了一个施展的舞台，他们将这些有裂缝的唐三彩通过做旧修复，使人们通过视觉无法观测到，以次充好地兜售。鉴别的方法主要有两种：

一是听声音，完好无损的唐三彩器皿叩之可发出响亮的声音（图 3-8）。而如果有裂缝的唐三彩听起来声音则是沉闷和沙哑的。

二是做检测，由于唐三彩并不像唐三彩那样敲击起来掷地有声，所以有的时候还需要做检测来进一步确认，通过仪器来进行检测，看里面究竟有没有裂缝。从时代和窑口上看特征不明显，较为泛化。鉴定时应注意分辨。

五、土 蚀

中国古代唐三彩有土蚀的情况有见，但在数量上并不是很丰富（图 3—9）。墓葬和遗址当中有见，墓葬当中多为 1 到 2 件，遗址当中数量十分庞大，但显然有土蚀的唐三彩不占主流，对于唐三彩有土蚀的情况明器并占不到主流的地位，而是实用器三彩占主流，规模庞大。从概念上看，中国古代唐三彩土蚀的概念非常明确，就是

图 3—9 有土蚀三彩釉标本·唐代

有一些土渍不能清洗掉，这样我们就认为是受到了土蚀。在形成的原因上，唐三彩土蚀的形成主要与保存环境有着密切的关系（图 3—10），潮湿的环境中保存下来的三彩受到土蚀的可能性很大，在墓葬和遗址当中还特别容易受到化学反应形成土蚀，但这种化学反应没有任何规律可言，总之，好的一个保存环境，土蚀会比较轻微，如果是不好的环境，土蚀的情况可能较为严重；从地域上看，中国古代唐三彩器皿有土蚀的情况主要以南方地区为显著特征，因为南方地区的土壤比较潮湿，墓葬保存环境多是在潮湿的土壤环境当中，遗址更是这样，所以在南方地区发现的众多实用唐三彩之上土蚀情况往往是比较严重。但明器三彩由于南方地区发现的非常少，所以也谈不上土蚀的问题，这一点我们在鉴定时应注意分辨。

图 3—10 微有土蚀三彩盖罐·唐代

图 3-11 土蚀情况比较好三彩武士俑·唐代

北方地区在土蚀上好得多，特别是河北、河南、山西、陕西等地区唐三彩有土蚀的情况并不严重，我们知道明器三彩从目前出土的情况来看主要出土在洛阳和西安，由于气候比较干燥（图 3-11），所以明器三彩普遍保存的比较好，受土蚀的情况不是很严重，很多器皿光亮如新，也有的器皿是略受到土蚀，表现多是局部受侵，因此从土蚀的程度上看，南方地区土蚀的程度往往比较严重（图 3-12）。从严重程度上看，唐三彩在器物表面容易形成较大的土蚀多是在南方地区，而北方地区的土蚀往往是比较轻微。

图 3-12 土蚀较为严重三彩标本·唐代

图 3-13 有磕伤三彩标本·唐代

图 3-14 口沿有磕伤三彩标本·唐代

六、磕 伤

中国古代唐三彩磕伤者有见，磕伤的唐三彩釉器皿比较容易理解。顾名思义就是由于磕碰形成的各种伤痕，它的概念非常广泛，如口磕、足磕、腹部、沿部磕痕等，都属于磕伤的范畴（图 3-13），磕伤通常情况下以轻微为主，严重磕伤的情况亦有见；从数量上看，中国古代实用器三彩磕伤的情况的确比较多，墓葬遗址当中都有见，墓葬常见 1～2 件，遗址出土数十上百件的情况有见。由此可见，中国古代实用唐三彩主要是以磕伤留下的痕迹为残缺的主要特征。但是明器唐三彩由于是下葬用的明器，所以很少受到磕碰等轻微损伤，鉴定时应注意分辨。

实用三彩很容易形成各种磕碰痕迹，从成因上看，中国古代实用唐三彩磕碰形成的原因主要有三个方面：

一是同时期使用形成的磕痕，由于胎体的脆性，和胎质的易损性，所以在使用时不免受到磕碰，不过这类磕碰一般都是比较轻微，如口沿部磕掉一个小豁等（图 3-14），但并不影响人们的实用，如三彩碗和枕等有磕碰痕，但还是在继续使用。

二是明器三彩在墓葬当中容易受到的一些磕碰，通常情况下磕碰痕迹大多较为严重，多数是粉身碎骨，碎成几十上百片的情况都有，但是通过这些磕碰形成的伤痕，在复原时还是比较容易复原，经过拼接后一般都能够恢复原有造型。

三是今天人们对它形成的伤害，在器物观测上一些新的茬口多是现在形成的，时常有见。新茬和老茬口区别很明显，老茬口有钝感，新茬没有钝感，只有历史的负罪感。因此我们一定要保护好这些经历了千年岁月都没有损坏的三彩。从经济价值上看，老茬口基本不会影响到它的经济价值（图3-15），但新茬口非常忌讳，是残器的一种，多数有价无市。从时代和窑口上看，由于磕伤是一种不可预知的缺陷，具有偶见性，所以没有过于规律性的特征。

图3-15 沿部有磕伤三彩执壶·唐代

七、失 亮

中国古代唐三彩失亮的情况有见（图3-16），失亮的概念比较容易理解，就是说唐三彩釉面有一些光泽受到了损害，失去了光泽，一般情况下分为局部失亮和通体失亮两种情况，这种情况墓葬和遗址当中都有见，但是数量不是太多，墓葬出土多为1～2件，不过不是每座墓葬都有见。遗址出土数量多一些，我们在鉴定时应注意分辨。从成因上看有两个原因：一是窑内的缺陷，在窑内烧成时由于烧造温度以及施釉的失误会造成一些失亮的情况，这种情况无论是实用还是明器三彩上都比较常见。二是外力的作用，由于保存环境釉面会和一些外界的物质发生反应，这些反应有时会导致釉面失去光泽。但是通体失亮的情况很少见（图3-17），多数是以局部失亮为显著特征，但是唐三彩失亮的情况在窑内缺陷中很少见，如从窑口上看，一些著名的窑场，如巩县窑基本上不存在这种情况，如果出现失亮现象，可能在当时就被处理了。主要以实用器为主，多数是一些仿烧巩县窑产品的民间小窑场烧制，由于成本限制等诸多因素的限制，所以比较粗糙。另外，从精致程度上看，唐三彩的失亮是一种缺陷，所以并不构成与精致程度的关系，精致、普通和粗糙的器皿之上都有可能会出现失亮的情况。

图3-16 失亮的三彩标本·唐代

图3-17 局部失亮的三彩标本·唐代

第四章 釉 质

第一节 釉 色

一、白 釉

背景信息：白釉在中国古代唐三彩之上可以说是经常有见（图4-1），不过单独出现的情况很少，多数是与其他色彩共同组成三彩的釉色。如白、绿釉组合；白、绿、黄釉组合；黄、绿、黑、白釉组合等等，墓葬和遗址当中都有见，并不分实用和明器三彩。

图4-1 白、绿釉组合三彩碗·唐代

图4-2 黄、绿、白釉组合三彩标本·唐代

鉴定要点：

①从色彩鉴定，所谓的白釉在色彩上显然属单色的范畴，但并不是色版一块，而是迎合人们的视觉，显得十分柔和（图4-2），光泽淡雅，由此可见，白釉显然是一场视觉的盛宴。而且在色彩上比较纯正，串色和偏色的现象很少见，与其他釉色共同组成三彩釉时，貌似有一些渐变的色彩，但实际上并没有发生渐变，而是保持了白釉的纯正，如在绿釉、黄釉、黑釉的组合中仔细观察明显可以看到在色彩上是独立的，但是与其他色彩融合的又是比较紧密，似曾发生渐变一般。另外，从通透性上看，三彩上的白釉通透性几乎没有，但是看上去似乎有通透性一般，这一点非常明确。由此可见，唐三彩上的白釉在色彩上达到了相当高的水平。

②从时代鉴定，中国唐三彩上的白釉在时代特征上比较明显，就是没有时代界限，无论是盛唐时期还是唐晚期都有见（图4-3）。鉴定时应注意分辨。

③从明器和实用器鉴定，中国唐三彩上的白釉及其组合并不分明器和实用器，这一点显而易见，无论明器三彩还是实用器三彩之上都广泛地存在着各种各样的白釉组合（图4-4）。

图4-3 三彩白、绿釉组合标本·唐代

图4-4 白、绿釉三彩标本·唐代

④从窑口鉴定，唐三彩白釉在窑口特征上没有固定化的特征，河南的巩县窑生产的精致明器三彩上有见，其他一些仿烧的窑场也有见。只是在质量上略逊一些。

⑤从光泽鉴定，唐三彩白釉在光泽上较为淡雅、柔和，但绝不黯淡，从总体来看，亮度还是比较大，通体闪烁着非金属的淡雅光泽（图4-5），油性光泽浓郁。

⑥从精致程度鉴定，中国古代唐三彩釉中的白釉与精致程度的关系并不密切，盛唐时期的明器三彩中有见，唐晚期的实用三彩当中有见，精致、普通、粗糙的器皿当中都有见。

二、绿 釉

背景信息：中国古代唐三彩中绿釉时常有见（图4-6），墓葬和遗址当中都有出土，墓葬出土多为1～2件，遗址出土数量众多，在总量上有一定的量，是唐三彩中最善于使用的釉色之一。鉴定时应注意分辨。

鉴定要点：

①从色彩鉴定，绿釉属单色范畴，这一点是没有疑问的，唐三彩绿釉的色彩还是比较纯正的，但是在绿釉之上有着色彩浓淡程度的变化；从通透性上看，唐三彩器上的绿釉多是不透明的，这一点无论是实用器三彩还是明器三彩都是这样。从鲜丽程度上看，唐三彩上的绿釉鲜亮程度非常之高，特别是明器三彩上的绿釉异常鲜亮，柔丽，精美绝伦（图4-7），美不胜收，使人沉醉。

图4-5 白、绿、黄釉组合三彩标本·唐代

图4-6 三彩标本·唐代

图4-7 绿白釉三彩碗·唐代

图 4-8 绿黄白组合三彩标本·唐代

图 4-9 绿白三彩釉标本·唐代

②从时代鉴定，绿釉的唐三彩器皿在时代特征上比较明显，盛唐时期有见，实用器皿三彩时期也有见，看来绿釉作为一种色调存在并未受到实用三彩和明器三彩的影响（图4-8），这一点我们在鉴定时应注意分辨。但是开元、天宝年间明器三彩绿釉在色彩上显然更加鲜丽，柔和，细腻，看起来艺术气息非常浓郁。而在唐安史之乱后的唐三彩绿釉显然在色彩的鲜丽程度上有所下降，釉面开片的情况也常见，这与其温度过高有着密切的关联，但是这是实用三彩的温度与功能不可调和的矛盾，鉴定时我们应注意分辨。但在色彩的纯正程度上，时代特征不明显，无论安史之乱之前还是之后的唐三彩都表现的比较好（图4-9）。

③从窑口鉴定，绿釉的唐三彩在窑口特征上比较明显，唐代河南巩县窑的烧造出了最为精美绝伦、色彩绚丽的三彩绿釉产品（图4-10），这一点是显而易见的，其他窑口如盛唐时期陕西铜川窑也烧制出了一些绿釉的产品。总之，盛唐时代的明器三彩在绿釉色彩种类的尝试上开创了许多先河，也取得了很大成功，但总量比较少。而晚唐时期许多窑场所烧制的实用三彩绿釉也非常常见，但主要还是以仿烧河南巩县窑的产品为主，创新很少，在质量上显然有下降，但数量非常多，无论是单独的绿釉（图4-11），还是绿釉与其他色彩组合都非常多。

④从光泽鉴定，中国古代唐三彩釉中的绿釉在光泽特征上比较简单，多数是光泽鲜亮，本身绿色就是一种鲜亮的色彩，通体闪烁着非金属的淡雅光泽。但在浓淡程度上的变化丰富（图4-12），主要以深绿为主，油性光泽浓郁。从明器与实用器皿上看，明器三彩中的绿釉在光泽上更加鲜亮，而实用器三彩在光泽上往往达不到这一水平。

⑤从精致程度鉴定，中国古代唐三彩中的绿釉在精致程度上不是很明确，绿釉与精致程度没有必然的联系（图4-13），精致、普通、粗糙的唐三彩中都有见绿釉。我们在鉴定时应注意分辨。

图4-10 色彩绚丽的绿釉组合三彩龙首瓶·唐代

图4-11 单独绿釉三彩执壶·唐代

图4-12 绿釉光泽浓淡变化丰富三彩标本·唐代

图4-13 绿釉三彩标本·唐代

三、黄 釉

背景信息：中国古代唐三彩的黄釉在墓葬和遗址当中都有见，出土数量较多，墓葬出土多为 1 到 2 件，遗址出土数量比较多，独立成器和组合成器的情况都有见，由此可见，黄釉是唐三彩中最重要的釉色之一。

鉴定要点：

①从色彩鉴定，唐三彩黄釉的色彩比较容易理解，它是一种单色（图 4—14），黄釉通常情况下在色彩上较为纯正，色彩的变化较多，但串色和偏色现象少见，由此可见，唐三彩中的黄釉显然也是一场视觉上的盛宴。明器与实用三彩在色彩上的区别并不大，只是在色彩的鲜丽程度上略有区别，明器三彩鲜嫩，鲜丽的感觉非常明显，而实用器三彩在鲜亮程度上则是大为降低。在色彩表现上，独立成器的色彩有见，与其他色彩组合在一起的情况也非常常见，如白、绿组合，黄、白、绿釉组合等都大量有见。鉴定时应注意分辨。

②从时代鉴定，中国古代黄釉的唐三彩在时代特征上比较明显，无论是明器三彩还是实用器三彩之上都有见，在时代特征上贯穿于整个唐代（图 4—15）。但显然盛唐时期的三彩绿黄比唐后期的实用器三彩在色彩的鲜亮程度上要好。

图 4—14 黄釉组合三彩标本·唐代

图 4—15 黄釉组合三彩标本·唐代

图 4-16 黄釉组合三彩标本·唐代

图 4-17 黄釉组合三彩标本·唐代

③从窑口鉴定，中国古代三彩中的黄釉在窑口特征上是异常明显。盛唐时代的巩县窑烧造的黄釉三彩在色彩上鲜丽（图 4-16），是精美绝伦的艺术品，但巩县窑在唐晚期基本上很少烧造三彩。主要由其他窑口搭烧三彩黄釉器皿，在烧造水平上下降的很厉害。

④从光泽鉴定，三彩黄釉在光泽上特征比较明显，以光泽鲜亮与柔丽并存，沉静、典雅，非常漂亮，伴随着油脂性的光泽，多数通体闪烁着柔和淡雅的非金属光泽（图 4-17）。明器三彩与实用器三彩的区别主要是其鲜嫩的程度较好，其他与实用三彩并无太大区别，鉴定时应注意分辨。

⑤从精致程度鉴定，中国古代唐三彩的黄釉在精致程度上表现出了较为复杂的特征，明器黄釉三彩基本都是精美绝伦的艺术品（图 4-18），而实用三彩的则是比较复杂，精致、普通、粗糙的唐三彩都有见。

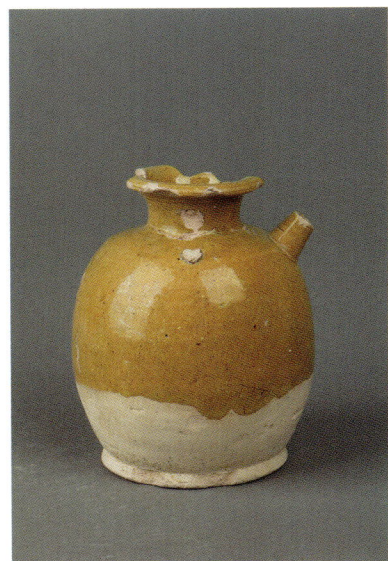

图 4-18 精美绝伦三彩黄釉注·唐代

四、淡黄釉

背景信息：淡黄釉是中国古代唐三彩釉上常见的釉色，墓葬和遗址内都有见（图4-19），墓葬出土的件数通常为1到2件，遗址内出土的件数更多一些，应为唐三彩上最重要的色彩之一。

鉴定要点：

①从色彩鉴定，唐三彩上的淡黄釉特征比较明显，作为一种单独的色彩独立成器者有见。不过更多的是淡黄釉与白釉、绿釉、黑釉等色彩相互组合成器（图4-20），表现出微有的透明度，但透感并不是特别明显。从实物观测上来看，淡黄釉在色彩上表现出的是浓淡不同的色彩。从色彩本身来看较为鲜丽，柔和细腻，串色和偏色的情况有见，但并不是很明显，这一点我们在鉴定时应注意分辨。由此可见，所谓的淡黄釉并不是色版一块，判断的标准主要是我们的视觉，完全是视觉上的一种盛宴。鉴定时应注意分辨。

②从时代鉴定，中国古代唐三彩上淡黄釉的器皿在时代特征上比较明显，唐高宗时期至安史之乱时期明器三彩在淡黄釉上色彩十分鲜丽（图4-21），而安史之乱后的淡黄釉在鲜亮程度上略微黯淡。

图4-20 淡黄釉组合三彩标本·唐代

图4-19 淡黄釉组合三彩标本·唐代

图4-21 淡黄釉三彩标本·唐代

③从窑口鉴定，中国古代唐三彩上的淡黄釉在窑口特征上比较复杂，如，河南巩县窑生产明器三彩在淡黄釉及其组合色彩上都比较好，色彩纯正，鲜丽，精美绝伦（图4-22）。而搭烧的实用器唐三彩淡黄釉者比较多见，在色彩上显然没有巩县窑鲜亮，鉴定时应注意分辨。

④从光泽鉴定，淡黄釉的唐三彩在光泽上鲜亮与黯淡并存，唐三彩上的淡黄釉绝大多数淡雅柔和，沉静典雅，特别是明器三彩上的淡黄釉在色彩上更是这样。但是从实用三彩器皿上看淡黄釉的色彩也比较明显（图4-23），色彩鲜亮和黯淡都有见，不是很稳定；但无论是明器三彩还是实用器三彩的在油性光泽上都比较强烈，多数通体上闪烁着非金属的光泽。

⑤从精致程度鉴定，中国古代淡黄釉的唐三彩与精致程度的关系并不密切，精致、普通、粗糙的器皿中都有见（图4-24）。但对于明器三彩而言淡黄釉的器皿则表现出统一的精致性，而对于实用器三彩而言这种统一性不是很明确，复杂化的趋势明显。鉴定时应注意分辨。

图4-22 巩县窑淡黄釉组合三彩注·唐代

图4-23 光泽淡雅淡黄釉组合三彩盖罐·唐代

图4-24 淡黄釉、绿釉组合三彩标本·唐代

图 4—25 褐红釉组合三彩碗·唐代

图 4—26 褐红釉组合三彩枕·唐代

五、褐红釉

背景信息：中国古代唐三彩中褐红的釉色时常有见（图 4—25），墓葬和遗址当中都有出土，墓葬出土多为 1 到 2 件，遗址出土数量众多，在总量上有一定的量，是唐三彩中最善于使用的釉色之一。

鉴定要点：

①从色彩鉴定，褐红釉属复色范畴，褐色与红色完美地融合在一起，但显然褐色与红色已经完美地融合在了一起，基本上看不到纯正的红色，同时也观察不到褐色的存在（图 4—26），总之，唐三彩褐红釉的色彩较稳定，完全已经成为了一种独立色彩；从通透性上看，唐三彩器上的褐红釉多没有通透感，这一点无论是实用器三彩还是明器三彩都是这样。从鲜丽程度上看，唐三彩上的褐红釉鲜丽程度较为浓郁，特别是明器三彩上的褐红釉异常鲜亮，是精美绝伦的艺术品，美不胜收，使人沉醉。

②从时代鉴定，褐红釉的唐三彩器皿在时代特征上比较明显，盛唐时期有见，实用器皿三彩时期也有见，看来褐红釉作为一种色调存在并未受到实用三彩和明器三彩的影响（图 4—27），这一点我们在鉴定时应注意分辨。但是盛唐时期的明器三彩中褐红釉在色彩上显然更加柔丽，看起来艺术气息非常浓郁。而在唐安史之乱后的唐三彩褐红釉色显然在色彩的鲜丽程度上有所下降，开片很明显，但这是实用三彩温度与功能不可调和的矛盾。

图 4—27 褐红釉三彩标本·唐代

③从窑口鉴定，褐红釉的唐三彩在窑口特征上比较明确，唐代河南巩县窑的烧造出了最为色彩绚丽的褐红釉三彩，这一点是显而易见的，其他窑口如盛唐时期陕西铜川窑也烧制出了精美绝伦的褐红釉三彩，取得了很大成功，只是总量比较少（图4—28）。而安史之乱之后的许多仿烧褐红釉色的三彩非常常见，但主要还是以仿烧河南巩县窑的产品为主，在创新和尝试上很少，在质量上有所下降。这一点我们在鉴定时应注意分辨。

④从光泽鉴定，中国古代唐三彩釉中的褐红釉在光泽特征上比较简单，多数是光泽鲜亮，褐红色在色彩上十分鲜亮，通体闪烁着非金属的淡雅光泽。但在浓淡程度的变化上还是比较丰富，油性光泽浓郁（图4—29）。从明器与实用器皿上看，明器三彩中的褐红釉在光泽上更加鲜亮，而实用器三彩在光泽上显然是达不到这一水平。鉴定时应注意分辨。

⑤从精致程度鉴定，中国古代唐三彩中的褐红釉在精致程度上明器三彩很明显，基本上都是精美绝伦之器（图4—30）。而实用器三彩则表现的比较暗淡，与精致程度没有必然的联系，但精致、普通、粗糙的唐三彩中都有见褐红釉色。

图4—28 褐红釉三彩标本·唐代

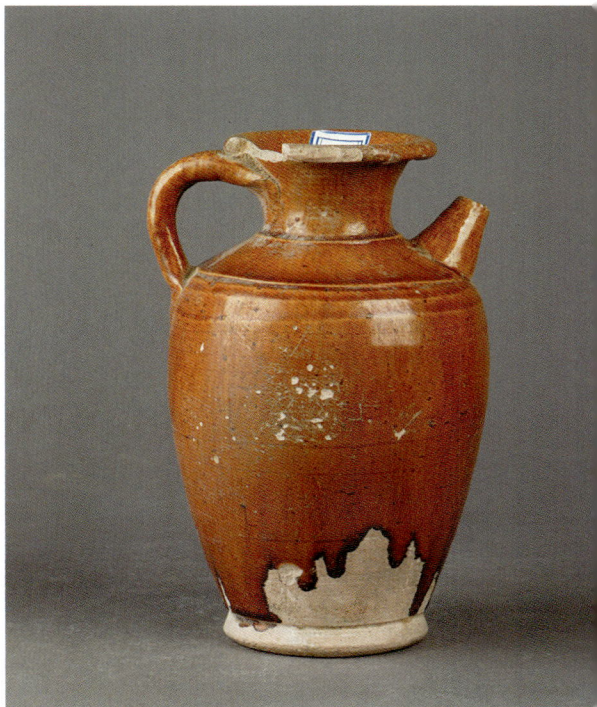

图4—29 褐红釉执壶·唐代

图4—30 精美绝伦褐红釉三彩盂·唐代

六、黄、绿、白釉组合

背景信息：中国古代唐三彩中黄、绿、白釉时常有见，墓葬和遗址当中都有出土，墓葬出土多为1到2件，遗址出土数量众多，在总量上有一定的量，可以说是唐三彩中最常见的釉色之一。鉴定时应注意分辨。

鉴定要点：

①从色彩鉴定，黄、绿、白釉属复色范畴，但是这是一种组合，并不是在色彩上的融合，所以黄釉、绿釉、白釉在色彩上显然都是纯正的，独立的，只是相互组合在一起（图4-31），它们的组合并非是均匀的，而是看似随意的，但实际上却包含着很高的技术成分。这一点是没有疑问的，犹如行云流水很自然地进行相互之间的碰撞，达到了黄、绿、白釉等但中精美绝伦色彩相互碰撞，取得的效果是相互映衬，将色彩美的元素集聚，加之色彩浓淡程度的变化，整个色彩黄、绿、白釉色彩组合犹如幻觉，异常鲜丽，达到了美的极限，精美绝伦。从鲜丽程度上看，唐三彩上的黄、绿、白釉鲜亮程度非常之高，特别是明器三彩上的黄、绿、白釉异常鲜亮，柔丽，精美绝伦，美不胜收，使人沉醉（图4-32）。

图4-31　黄绿白釉组合三彩标本·唐代

图 4—32 黄绿白釉组合三彩釉标本 唐代

②从时代鉴定，唐三彩黄、绿、白釉组合在时代特征上比较明晰，盛唐时期有见，晚唐时期的实用三彩器皿也常见，看来黄、绿、白釉色彩组合作为一种色调存在并未受到实用三彩和明器三彩的影响（图4—33）。但明器三彩在色彩上显然更加鲜丽，柔和，细腻，工艺更加精湛，特别是浓淡程度的变化异常丰富，绝对是一场场视觉的盛宴。而在唐安史之乱后的黄、绿、白釉组合釉色唐三彩在色彩上显然没有明器鲜丽，而且在色彩变化上也不如明器，创新和尝试不是很常见，多数是对于明器黄、绿、白釉的模仿。

图 4—33 黄绿白釉组合三彩标本·唐代

图 4-34 黄、绿、白釉组合三彩标本 · 唐代

图 4-35 黄绿白釉武士俑 · 唐代

③从窑口鉴定，唐三彩黄、绿、白釉组合在窑口特征上比较明显，以唐代河南巩县窑的烧造为最好，大量精美绝伦黄、绿、白釉组合釉色三彩都是在这个窑场中烧造而成的，但是巩县窑显然没有形成窑系（图4-34）。因此在唐代后期出现的明器三彩实际上多数是由其他窑场搭烧的，所以在工艺上比较差，有的时候在模仿巩县窑黄、绿、白釉器皿时往往出现问题，有的产品只是略得大意而已。这一点我们在鉴定时应注意分辨。

④从光泽鉴定，中国古代唐三彩釉中的黄、绿、白釉在光泽上异常鲜丽，通体闪烁着淡雅的非金属光泽，光泽鲜亮与暗淡相对，不同的釉色在光泽程度上都不完全一致（图4-35），这样客观上就形成了光泽程度的相对和映衬，而这种映衬使得整个釉色变得精美绝伦，美不胜收。另外，油性光泽都比较浓郁，通体闪烁着油性光泽。从明器与实用器皿上看黄、绿、白釉在光泽上没有太大的区别。

⑤从精致程度鉴定，中国古代唐三彩中的黄、绿、白釉组合在精致程度上不是很明显，明器三彩黄、绿、白釉组合表现的基本无缺陷，精美绝伦。而对于实用器三彩在精致程度上则表现出复杂化的倾向，精致、普通、粗糙的唐三彩都有见。

七、白、绿釉组合

背景信息：中国古代唐三彩中白、绿釉时常有见，墓葬和遗址当中都有出土，墓葬出土多为1到2件，遗址出土数量众多，在总量上有一定的量，是唐三彩中最常见的色彩之一。鉴定时应注意分辨。

鉴定要点：

①从色彩鉴定，白、绿釉色彩组合属复色范畴，为白釉和绿釉在色彩上融合，这两种色彩完美地融合在一起，但同时白釉和绿釉又都保持了其独立性，没有任何的色彩渐变，使得白釉和绿釉这两种色彩都保留了其最原始的美，并将这两种美集聚在一起，形成合力，产生令人炫目的颜色（图4-36），震撼着人们的视觉。白釉和绿釉在色彩上所占的比例并不均衡，看似无序的，但实际上是感觉造型和工匠艺术感的需要而特意设计的，是可控的，目的是为了达到美的集聚。从色彩的浓淡程度变化上看，白、绿釉各自都有着色彩浓淡程度的变化，并且能够将这种浓淡程度的变化完美地融合在一起，形成沁人心脾的美（图4-37）。从鲜丽程度上看，唐三彩上的白、绿釉鲜亮程度非常好，特别是明器三彩上的白、绿釉异常鲜亮，柔丽，精美绝伦，美不胜收，使人沉醉；实用器三彩基本模仿明器三彩的效果。

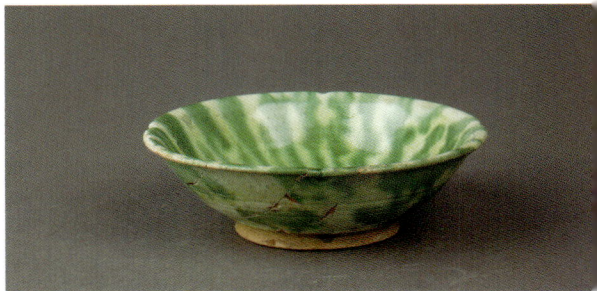

图4-36　白绿釉组合三彩碗·唐代

图4-37　白绿组合三彩枕·唐代

图 4-38 白绿釉组合三彩盒·唐代

图 4-39 白绿釉组合三彩炉·晚唐

②从时代鉴定，白、绿釉组合唐三彩器皿具有鲜明的时代特征，这种色彩组合是唐三彩最喜欢的组合方式之一，基本上伴随着唐三彩的始终，因此明器三彩和实用器皿三彩上都有见。只是在鲜丽程度上有所不同，明器三彩由于烧造温度比较低，所以釉色显得非常鲜嫩，柔丽（图4-38）。而在唐安史之乱后的实用唐三彩在白、绿釉的色彩的鲜丽程度上不是很稳定，但只有很少能够达到较高的水平（图4-39），这主要与其烧造温度过高，釉面被完全烧结有关，鲜丽程度在整体上有一个下降。鉴定时我们应注意分辨。但在色彩的纯正程度上，白、绿釉组合的三彩基本上表现的都比较好。

③从窑口鉴定，白、绿釉组合的唐三彩在窑口特征上比较明显，唐代河南巩县窑的烧造出了最为精美绝伦、色彩绚丽的白、绿釉三彩（图4-40），这一点显而易见。其他窑口如盛唐时期陕西铜川窑也烧制出了一些白、绿釉的产品。总之以巩县窑的烧造最为精致。实用三彩是许多窑场都有烧制，以搭烧为主，所烧制的实用三彩白、绿釉器皿多为仿烧巩县窑产品，模仿的成分比较浓重，缺乏创新。

图 4-40 白、绿釉组合三彩标本·唐代

图 4—41 白绿组合三彩盒·唐代

图 4—42 白绿组合三彩碗·唐代

④从光泽鉴定，中国古代唐三彩中的白、绿釉在光泽特征上比较明显，白釉和绿釉相对来讲都是独立的色彩，所以在光泽上也是有着不同的表现，而这两种光泽之间基本上都是以光亮为主，同时也都表现出了淡雅，只是在沉静典雅的程度上因其色彩浓淡程度的不同而变化（图 4—41）。总之，这些相同的元素和微弱不同的光泽共同形成了人世间最美的色彩。加之通体闪烁着非金属的淡雅油性光泽，使得整个釉面亦真亦幻，精美绝伦。

⑤从精致程度鉴定，中国古代唐三彩中的白、绿釉组合在精致程度上很明确，明器三彩中的白、绿釉组合在色彩上精美绝伦，基本上都达到了相当高的水平。而实用器三彩在光泽、色彩的表现上由于模仿的成分存在（图 4—42），所以略显呆滞，在很多方面并不能达到明器三彩水平。而且显然在精致程度上存在着精致、普通、粗糙的区分。鉴定时应注意分辨。

图 4-43 黄绿釉组合三彩小动物·唐代

八、黄、绿釉组合

背景信息：黄、绿釉组合也是中国古代唐三彩中经常可以看到的色彩，墓葬和遗址当中都有出土，墓葬出土多为 1 到 2 件（图 4-43），遗址出土数量可以达到数十件，在总量上有一定的量，是唐三彩中最善于使用的釉色之一。

鉴定要点：

①从色彩鉴定，唐三彩中的黄、绿釉组合色彩属复色范畴，整体上看是黄、绿两色釉完美的组合，这一点是没有疑问的，但是黄、绿两色釉并没有融合在一起形成新的色彩，而是各自保持了独立的色彩属性，以最完美和无痕迹地组合在一起。从比例上看，唐三彩黄、绿釉组合在比例上没有固定化的特征，或多或少，自然而然地组合在一起（图 4-44）。从浓淡程度上看，黄、绿釉之上存在着色彩浓淡程度的变化，这一点是无疑的，正是这种浓淡程度色彩变化，使得黄、绿两色釉在色彩美的集聚程度上更为亦真亦幻，美不胜收，成为了人世间最美的色彩之一。从鲜丽程度上看，唐三彩上的黄、绿釉鲜亮程度非常之高，特别是明器三彩上的黄、绿釉异常鲜亮。而实用器三彩在鲜亮的程度上往往存在问题。

图 4-44 黄绿釉组合三彩盖罐·唐代

图4-45 黄、绿釉组合三彩标本·唐代

图4-46 黄绿釉组合三彩小动物·唐代

②从时代鉴定，黄、绿釉的唐三彩器皿在时代特征上比较明显，盛唐时期的明器黄、绿釉三彩在色彩上精美绝伦，几乎达到了美的极限，而且具有整体性的特征。但对于实用器皿三彩而言，黄、绿釉组合从外表上看也是精美绝伦（图4-45），但是它多限于对明器三彩的模仿，虽然外表比较相像，但本质上并没有创造的成分在里面，所以与明器三彩有差别的就是它的艺术内涵。这一点我们在鉴定时应注意分辨。

③从窑口鉴定，黄、绿釉组合的唐三彩在窑口特征上比较明确，唐代河南巩县窑的烧造出了最为精美绝伦、色彩绚丽的三彩黄、绿釉产品，这一点是显而易见的，其他窑口如盛唐时期陕西铜川窑也烧制出了一些黄、绿釉的产品。但对于明器三彩而言，虽然是民间烧造，但也取得了相当的成功（图4-46），模仿巩县窑非常像，只是在内涵和稳定性上略有问题。

④从光泽鉴定，中国古代唐三彩釉中的黄、绿釉在光泽特征上比较明显，无论是黄釉还是绿釉在光泽上都是以鲜亮为主，但同时表现出淡雅的特征，只是在程度上不同，而这种不同显然使得对比强烈，有利于亦真亦幻效果的形成。从明器与实用器皿上看，明器三彩中的黄、绿釉在光泽效果上表达更为准确（图4-47），而实用器三彩在光泽上往往达不到这一水平。

⑤从精致程度鉴定，中国古代唐三彩中的黄、绿釉组合在精致程度上很明确，明器三彩基本上都是精美绝伦之器，很少见普通和粗糙的器皿；而实用黄、绿釉在三彩精致程度上则比较复杂，可以说精致、普通、粗糙者都有见，能够达到明器三彩那样精致程度的不是很多见，主要以普通、甚至是粗糙的三彩为显著特征（图4-48）。鉴定时应注意分辨。

图4-47　黄绿釉三彩执壶·唐代

图4-48　普通黄绿釉组合三彩标本·唐代

图 4-49 红绿黑白釉组合三彩驼俑·唐代

九、黄、绿、黑、白釉组合

背景信息：中国古代唐三彩中黄、绿、黑、白釉组合的器皿时常有见，墓葬和遗址当中都有出土，在总量上有一定的量，是唐三彩中最善于使用的釉色组合之一。

鉴定要点：

①从色彩鉴定，唐三彩中黄、绿、黑、白釉组合显然是属于复色范畴，但是并没有相互融合在一起，而是各自保持着其独立的色彩属性（图4-49），这种组合使得黄、绿、黑、白釉的釉色之美，通过相互的比例融合在一起，形成集聚之美。从器物造型行看，通常多出现在一些较大的造型之上。从数量上看，以明器三彩为多见，实用器皿三彩上出现如此复杂的色彩组合并不常见。从鲜丽程度上看，唐三彩上的黄、绿、黑、白釉在鲜亮程度上没有任何问题，精美绝伦，使人沉醉，以明器三彩为最美。鉴定时应注意分辨。

②从时代鉴定，黄、绿、黑、白釉的唐三彩器皿在时代特征上比较明显，盛唐时期有见，唐晚期的实用器三彩上也有见，看来黄、绿、黑、白釉作为一种色调存在并未受到实用三彩和明器三彩的影响。但显然以明器三彩为多见，色彩更为鲜丽，柔和，看起来精美绝伦。而在唐安史之乱后的实用三彩中的黄、绿、黑、白釉虽然也比较漂亮，但主要是对于明器三彩的模仿，呆滞感还是存在的，而且由于温度过高，鲜丽感也受到一定影响，鉴定时我们应注意分辨。在色彩的纯正程度上时代特征也比较明显，一般情况下这种较大规模的色彩组合在色彩的纯正程度上，无论是明器三彩还是的实用三彩都表现的比较好。鉴定时应注意分辨。

③从窑口鉴定，唐三彩中黄、绿、黑、白釉组合器皿在窑口特征上异常明确，以河南巩县窑和陕西铜川窑为显著特征，而且以大型器皿为比较常见，碗、盘、碟等器皿之上很少见，以明器为主，色彩精美绝伦，达到了亦真亦幻，相当精美绝伦的程度，是盛唐三彩上一道亮丽的风景线。而诸多窑场所仿烧的实用器三彩在窑口特征上表现并不是很好，而且黄、绿、黑、白釉色彩组合数量很少见。

④从光泽鉴定，中国古代唐三彩釉中的黄、绿、黑、白釉在光泽特征上比较复杂，黄、绿、黑、白釉在光泽上各有不同，其中黑色在光泽上最为暗淡，基本上不反射出光泽，而其他的色彩在光泽上较为鲜亮，这样就形成了光泽鲜亮与暗淡的映照，再加之黄、绿、白釉在光泽上的鲜亮和淡雅程度也不同，多种映衬使得唐三彩在光泽上熠熠生辉（图4—50），精美绝伦，达到了犹如幻境一般色彩。通体闪烁着非金属的淡雅光泽，油性光泽浓郁。从明器与实用器皿上看，明器三彩中在光泽上表现的更为鲜嫩，而实用器三彩在光泽上往往达不到这一水平。

⑤从精致程度鉴定，中国古代黄、绿、黑、白釉的唐三彩在精致程度上很明确，对于明器来讲基本上都是精美绝伦的艺术品，精美绝伦，几乎缺憾。而实用器三彩在精致程度上表现的较为复杂，可以说是没有必然的联系，精致、普通、粗糙的情况都有见。

图4—50 红绿黑白釉组合三彩武士俑·唐代

图 4-51　有开片三彩标本·唐代

第二节　釉质特征

一、开　片

背景信息：开片是唐三彩釉面在烧造过程中出现的一种裂纹，没有规律可循，无规律的排列，开片的深浅程度也不同（图 4-51），开片实际上是一种窑内缺陷，任何唐三彩上都有可能出现开片，只不过是开片的大小和程度不同而已；有的开片由于过于微弱，我们的视觉感觉不到，那么这些器皿称之为釉面匀净，一些较为轻微的开片称之为轻微开片；釉面开片较为明显的开片称为严重开片。唐三彩上的开片整体控制较好，但显然唐三彩并不排斥开片的存在，我们在鉴定时应注意分辨。

鉴定要点：

①从形状鉴定，中国古代唐三彩在开片的形状上看主要分为宏观和微观两种情况，从微观上看，它是无规律的，任何一种情况都可能有见，但是从宏观上看，我们认为将其划分为长条状的大开片、小开片、细小开片、细碎开片等（图 4-52）。

图 4-52　细碎开片三彩标本·唐代

图4-53 轻微开片三彩武士俑·唐代

由此可见，这些特征几乎与瓷器无异；从宏观上看开片可以控制，唐三彩对于开片都有一些控制，以明器唐三彩的成就最高，在一些盛唐时期的唐三彩器皿之上，如一些俑和瓶等器皿之上我们如果不仔细观察很难发现开片的存在，以轻微开片为主（图4-53）；但实用器唐三彩之上似乎控制的不是那么好，开片看起来还是比较明显，但大开片的情况也不是很常见，基本上以比较细碎的开片为显著特征，由此可见，实用器唐三彩并不排斥开片的存在。

②从时代鉴定，中国古代唐三彩在开片特征上较为复杂，可以说盛唐时期的明器三彩之上和衰落期的实用三彩都有开片的情况，如果说有区别就是程度不同，明器三彩时代以少量的釉面匀净和大量的轻微开片为显著特征（图4-54），而实用三彩则是以轻微和严重开片的情况为多见，釉面匀净的情况几乎不见，或是说是很少见。这一点我们应注意分辨。

图4-54 开片不是很严重三彩标本·唐代

图4-55 釉面略有开片三彩标本·唐代

图 4-59 釉面略有开片三彩标本·唐代

③从窑口鉴定，中国古代唐三彩釉开片与窑口的关系不是特别明显，但有一些关联，如河南巩县窑烧制的唐三彩在釉质开片上不是很严重，对于开片进行了有效的控制，多以匀净和轻微开片为主。而大量烧制实用三彩窑场则在开片的控制上不是很好，轻微和严重开片的情况很常见，由此可见，这些窑场由于搭烧主要讲究的是成本，并没有对开片进行有效的控制（图 4-55）。

④从精致程度鉴定，中国古代唐三彩器皿釉质开片与精致程度的关系比较密切，唐三彩由于基本上都有开片的存在，釉面匀净的情况很少见，可见虽然其对开片进行有效控制，但是因为唐三彩浓重鲜丽的色彩从很大程度上遮盖住了开片对于视觉的影响，所以唐三彩并不排斥开片的存在（图 4-56）。因此开片与精致程度关系并不密切，特别是实用三彩更是这样，在精致程度上精致、普通、粗糙的器皿都有见。

二、较厚釉

背景信息：中国古代唐三彩在厚薄特征上比较清晰，基本上可以分为较厚釉为主，过薄的釉层很少见，这一点对于明器和实用器来讲基本上都是这样，从数量上看，较厚釉的唐三彩显然占据着绝对主流的地位。

鉴定要点：

①从程度鉴定，中国古代唐三彩器皿在釉层的厚度上比较复杂，主要以较厚釉为显著特征，从概念上看，较厚釉是比薄釉厚，但比厚釉薄的釉层阶段，实际上这一概念对于三彩器皿来讲是最适合的（图4-56），明器三彩由于是专有下葬的器皿，又是精美绝伦的艺术品，是人们最高状态的精神享受，对于这样的器皿唐给予了最高的礼遇，并没有因其不实用而将釉层变得很薄，但也没有因为不实用随意而就，将器物的釉层变得非常厚，而是慎重地从美学的角度出发，将釉层的厚薄程度控制在了较厚釉的状态，而且这种状态非常的稳定。而实用器三彩主要模仿真实的明器三彩，所以在釉层上基本也是以较厚釉为显著特征。

图4-56 较厚釉三彩盂·唐代

图 4-57　较厚釉三彩标本·唐代　　　　　　　　图 4-58　三彩标本·唐代

图 4-59　精致的较厚釉三彩水盂·唐代

②从时代鉴定，中国古代唐三彩釉层在厚薄上的较厚釉与时代特征的关系比较简单，盛唐时期的明器三彩在釉层上严格秉承了较厚釉的特征，相当稳定。而唐玄宗安史之乱之后的实用三彩在釉层虽然也是以较厚釉为主，（图4-57）但釉层的厚薄程度已不是很稳定。这一点我们在鉴定时应注意分辨。

③从窑口鉴定，唐三彩在窑口上特征十分明显，主要以巩县窑为显著特征，巩县窑生产的明器三彩在烧造质量上相当稳定，达到了精益求精的程度，所以在釉层的厚薄程度上也比较稳定，基本上都是以较厚釉为显著特征（图4-58）。而仿烧唐三彩的诸多窑场烧造的器皿，在釉层上基本上都是较薄釉，但是釉层显然有不稳定的现象。

④从精致程度鉴定，较厚釉的中国古代三彩精致程度与釉层厚薄的关系比较明晰，就是精致的明器唐三彩基本上都是较厚釉的器皿（图4-59），而实用三彩在精致程度关系则比较复杂，不太稳定，可以说较厚釉对应的精致、普通、粗糙的器皿都有见。

三、均 匀

背景信息：均匀指的是唐三彩在釉层上的均匀程度，从均匀的程度看，通常分为釉层均匀和不均匀两种状态，这两种状态在唐三彩釉上都有表现，明器和实用器三彩上都有见（图4-60），由此可见，唐三彩并不避讳釉层不均匀现象的存在。

鉴定要点：

①从釉质均匀鉴定，唐三彩釉层均匀的情况也常见，通体均匀者有见，以实用三彩为多见，这可能是考虑到了实用器的习惯，以及有利于成本的降低等。而在明器三彩中很少见到真正通体均匀的器皿，由此可见，在釉层均匀显然并不是唐三彩精致与否的特征（图4-61）。

图4-60 釉层均匀三彩标本·唐代

图4-61 釉层不是很均与三彩罐·唐代

②从釉质不均鉴定，釉质不均的情况在唐三彩釉器皿上经常可见，主要是以局部不均匀为显著特征。从明器与实用器上看，主要以明器三彩为最常见，在釉层局部常见釉层不均的现象，但这种不均主要是以有利于艺术性的表达为显著特征，而不是以实用为特征，当然这与唐三彩釉的釉质黏稠、流动速度慢、容易造成堆积等也有关系（图4-62）。但多数情况下还是唐三彩器皿装饰工艺的一种方法，如一些唐三彩俑的釉质厚薄不均的情况比较典型，整个用厚薄不均的釉质来体现唐三彩俑的服饰及生命的动感（图4-63），将这种不均变成了一种缺陷美。实用器三彩之上也常见釉层不均匀现象，但这种不均匀与明器唐三彩器上为艺术而不匀性质不同，主要由于成本限制，以及在工艺、以及烧造态度上的不精而造成，实用唐三彩釉层不均的所形成的特征和部位均没有规律，这是判定其真伪的重要特点。我们在鉴定时应注意分辨。

图 4-62　积釉明显三彩执壶·唐代

图 4-63　三彩西服武士俑·唐代

③从时代鉴定，唐三彩在釉层均匀程度上有着鲜明的时代特征，这种时代特征，唐代开元、天宝年间的明器三彩在釉层均匀程度上艺术气息浓郁，多数为了艺术的表达而不是很均匀（图4—64）。安史之乱之后的实用唐三彩在釉层均匀程度上较好，基本上以釉层均匀为显著特征，但是由于烧造技术等方面的限制，有时也有见釉层不均的现象。

④从窑口鉴定，中国古代唐三彩在窑口特征上很明显，釉层均匀的情况以明器三彩为主，而生产明器三彩的窑口主要河南巩县窑和陕西铜川窑。而生产实用器皿的诸多窑场在釉层的均匀程度上则比较好（图4—65），但艺术气息也大为降低。

⑤从精致程度鉴定，唐三彩绞釉层均匀程度与精致程度的关系比较复杂，釉层不均匀的明器三彩基本上都是精美绝伦之器，而实用三彩之上的釉层均匀者反倒不一定是精美绝伦之器，而是精美绝伦的器皿非常少，主要以普通和粗糙的器皿为显著特征（图4—66）。由此可见，它们之间的关系呈现出反比，这一点是显而易见的。

图4—64　釉层略有不匀三彩小动物造型·唐代

图4—65　釉层均匀实用三彩标本·晚唐

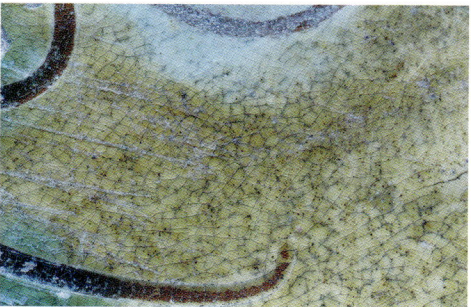

图4—66　釉层均匀实用三彩标本·唐代

四、流　釉

背景信息：中国古代唐三彩在流釉特征上比较明显，流釉是一种窑内缺陷，主要表现就是釉质由上而下的流动形成的痕迹（图4—67）。从理论上看，所有的唐三彩都会有流釉的现象，只是流釉现象有轻微和严重之分，如果我们的视觉观察不到，就称为釉面匀净，如果我们的视觉能够观测到，但不是很明显，我们称之为轻微流釉，但是如果我们的视觉不仅能够观测到，而且能够观测到较大的流釉痕迹，显然就是严重流釉。中国古代唐三彩釉面上这三种情况都有见，在流釉特征上表现的也是比较复杂，我们来看一看：

①从流釉程度鉴定，中国古代唐三彩在流釉程度上表现比较复杂，特别是以明器三彩上的流釉痕迹比较严重，轻微流釉和严重流釉的情况都常见，看来唐三彩并不排斥流釉现象的存在，甚至是炫耀的一种方式，由此可见，流釉在唐三彩上几乎成为了一种缺陷美（图4—68）。在实用三彩器皿上流釉的程度显然没有明器严重，虽然也有流釉，但有意的成分比较少见，釉面匀净的情况也有见。

图 4—67　流釉痕迹明显三彩盂 · 唐代

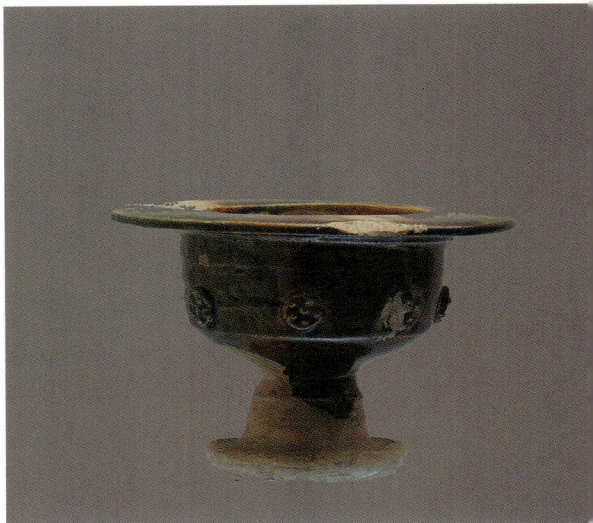

图 4—68　流釉痕迹明显三彩罐 · 唐代

②从流釉部位鉴定，唐三彩釉的流釉部位具有相当规律性的特征，一般情况下釉面很少见有流釉现象，如一个唐三彩枕的釉面上很少有流釉，但流釉多出现在枕面和枕壁的转折处，就是它的四壁会有一些流釉，唐三彩流釉的部位基本上就是这样，再如有一些唐三彩碗和一些俑都是施釉不到底（图4—69），碗多为施半釉，流釉的现象还是比较严重。由此可见，唐三彩的流釉无论是实用器还是明器在流釉特征上基本都是在釉尽露胎处流釉。真正大的流釉现象多以明器三彩为主，实用器皿三彩上并不是很严重。从流釉的形态上看，三彩的流釉基本上都是一个非常自然的状态，没有进行有意识的控制流釉的形态和特点，常见的部位主要是底足流釉，这一点与同时期瓷器等器皿的流釉特征据基本相似，另外，还有就是半釉处流釉（图4—70），这种情况也比较多见，因为施半釉是唐代陶瓷器皿上一个显著特征，是在唐初惜釉习俗的基础上发展而来，久而久之逐渐在唐代唐三彩和陶器之上就形成了施半釉的习惯，因此无论是在实用三彩还是唐三彩上特征都比较明显。

图4—69 大流釉三彩武士俑·唐代

图4—70 半釉处流釉三彩碗·唐代

图 4-71　有流釉三彩折腹瓶·唐代

图 4-72　巩县窑三彩标本·唐代

图 4-73　有流釉三彩枕·唐代

③从时代鉴定，唐三彩釉在流釉特征上时代性不是很强，唐三彩存在的各个历史时期都有见流釉现象（图 4-71），其他并无过于规律性的特征。

④从窑口鉴定，唐三彩釉流釉现象在窑口上表现很明显，主要以生产明器三彩巩县窑为显著特征，流釉现象较为严重，但是这种流釉显然是在美的基础上而产生的，是为了达到艺术品的效果有意而为，并不是烧造技术上的问题，反而是高超烧造技术的一个象征，总之巩县窑三彩以流釉为美（图 4-72）。而生产实用器的诸多搭烧为主的窑场生产唐三彩也经常有见流釉现象，但性质明显不同，它不是为了审美的需求，而是烧造技术有问题不得不出现的一些流釉现象，是一种缺陷，没有什么美感，这一点我们在鉴定时应注意分辨。

⑤从精致程度鉴定，中国古代唐三彩流釉特征与精致程度的关系密切，精美绝伦的明器三彩之上并不排斥流釉的存在，反而是以流釉为美，可以说大多数明器三彩之上都有流釉现象，但几乎所有的明器三彩都是精美绝之器。而有流釉的实用三彩则没有以流釉为美的特征，它的流釉是一种窑内缺陷，精致、普通、粗糙的器皿之上都有见（图 4-73），并不存在规律性的特征。

图 4-74 釉面明显有杂质三彩标本·唐代

图 4-75 釉面杂质轻微三彩瓶·唐代

五、杂 质

背景信息：中国古代唐三彩釉面杂质有见，而杂质实际上是一种窑内缺陷，从理论上讲只要是施釉的器皿釉面之上或多或少地都会带有一些杂质（图 4-74），区别只是这些杂质能否被我们的视觉识别出来。显然唐三彩釉面之上有杂质的情况很复杂，各种各样的情况都有见，鉴定时我们应该注意分辨。

鉴定要点：

①从程度鉴定，唐三彩根据杂质严重程度的不同，主要可以分为匀净、轻微和严重三个级别，只有我们的视觉感觉不到釉面之上有杂质的存在，那么显然这已经构成了釉面匀净；而只要我们的视觉能够觉察到杂质的存在，显然已经是有了轻微杂质。而如果是很明显地能够观测到杂质的存在，而且杂质颗粒比较大，或者是杂质很集中地存在，这样的情况显然是釉面产生了严重杂质。对于唐三彩而言这三种情况都存在，特别精致的明器三彩之上有见釉面匀净的情况，不过数量不是太多，但是对于盛唐时期的明器三彩其釉面严重杂质的情况也很少见，如果有见杂质多是以轻微杂质为主（图 4-75）。

　　但对于实用器三彩釉面的匀净程度的确是不太好，釉面匀净的情况很少见，基本上都是有杂质的情况，轻微和严重杂质者很常见，当然这与其民窑的形制有密切关系，老百姓的实用器皿显然不需要像明器三彩那样的精益求精，这一点我们在鉴定时应注意分辨。由此可见，实用唐三彩从根本上讲不是很注重釉面匀净，而明器唐三彩显然较重视这一点。

　　②从时代鉴定，唐三彩上的杂质在时代特征上很鲜明，以盛唐三彩的年代为分界线，开元、天宝年间的明器三彩之上杂质不是很严重，十分重视对于杂质的控制；但是安史之乱之后的三彩在质量上有较大的滑落，以实用为主，对于釉质上的杂质也失去了控制，许多杂质看起来相当严重（图4-76），釉面匀净的情况几乎不见。

图4-76　釉面杂质相当严重三彩标本·唐代

③从窑口鉴定，中国古代唐三彩器皿釉面杂质与窑口的关系比较明确，巩县窑烧制出的精美绝伦明器唐三彩在釉面杂质的处理上情况比较好，釉面匀净的情况也较为常见，轻微杂质者并不是很明显（图4-77）。而以仿少巩县窑三彩为主的实用三彩的搭烧窑场，在釉面的杂质上比较严重，很多杂质在釉面上都是严重杂质，轻微杂质的情况更为普遍。

④从精致程度鉴定，中国古代唐三彩釉面上的杂质与精致程度的关系很简单，主要以明器三彩为主，如釉面匀净者多数为明器三彩，同时也是最为精美绝伦的器皿；由此可见，精美绝伦的唐三彩上通常杂质也控制的比较好，随着精致程度的降低釉面杂质也会逐渐严重（图4-78），这一点对于明器三彩和实用器三彩都是这样。

图4-77 釉面有轻微杂质三彩罐·唐代

图4-78 釉面杂质控制较好三彩标本·唐代

图 4-79　精细化妆土三彩标本·唐代

图 4-80　施白色化妆土三彩标本·唐代

六、化妆土

背景信息：化妆土的概念十分明确，就如同妇女化妆一样先打上的一层粉底。中国古代唐三彩在化妆土的使用上特征十分明显，实际上化妆土在唐三彩上很重要，因为明器唐三彩的烧造温度比较低，如果化妆土不是很优质，就不能保证三彩胎釉的结合。因此多数无论是明器三彩还是实用三彩之上都涂抹着一层精细的化妆土（图4-79），目的是为了有效防止胎釉剥离等现象的发生。

鉴定要点：

①从精细程度鉴定，唐三彩化妆土在精细程度上特征十分明显，总的来看明器和实用器三彩对于化妆土的施加都非常重视，施加的化妆土都较为精细，通常以白色居多，是一层薄薄的白色化妆土（图4-80），手感细腻、平滑，几乎没有串色现象，无论在选料和淘洗上都是非常精炼。所以中国古代唐三彩釉的器皿并不害怕暴露化妆土，有许多器皿化妆土都是暴露在外面。但是如果二者相互比较，我们可以清楚地看到明器三彩在化妆土的施加上明显比实用器三彩精致，这一点是显而易见的，因为我们从简单的视觉上都可以观察对比出来，原因很简单，因为它们的烧造目的不同，明器三彩的烧造是为了满足唐人对于精神和艺术的最高需求，是精美绝伦的艺术品，并不实用，而实用三彩烧造的目的是实用，因此它施加化妆土是在满足实用的基础上进行的，所以在工艺上多少要差一些（图4-81），这一点是无疑的。

图 4-81　化妆土工艺略逊实用三彩标本·唐代

②从无化妆土看，无化妆土的唐三彩釉器皿几乎不见，只有在很个别的乡村级的窑场烧造的实用三彩中有见，大多胎釉剥离严重，烧造的非常粗糙，知道是在烧制唐三彩，但从烧造的结果上看，烧造出来的不能称之为三彩，实际上只是一种釉陶。对于这类器皿我们在鉴定时应注意分辨。另外，无化妆土的情况在明器三彩中几乎不存在。

③从时代鉴定，唐三彩上的化妆土在时代特征上较为鲜明，以盛唐时期明器三彩最为精细（图4-82），安史之乱之后生产的明器三彩在工艺上比较差，化妆土的施加也只是为了满足胎釉不剥离实用的需要，根本不存在艺术的气息。

④从窑口鉴定，唐三彩化妆土在窑口特征上比较明显，以巩县窑烧造的明器三彩为显著特征，化妆土的施加精益求精，几乎没有任何缺陷。当然还有其他的一些窑口，如陕西的铜川窑化妆土的施加也比较好。但是对于烧造实用三彩的窑场烧造的产品，化妆土的施加只能说是一般（图4-83），基本上保证了实用的需要，但是也有见胎釉剥离的情况，如河南修武当阳峪窑、山西浑源窑等实际都有生产的少量的唐三彩，那么这些窑场所生产三彩在化妆土的施加上显然不如巩县窑，偶见有精细的情况，但这并不能成为其一个重要的特征。这一点我们在鉴定时应注意分辨。

图4-83 实用三彩化妆土标本·唐代

图4-82 盛唐时期精细化妆土三彩标本·唐代

图4-84 精细化妆土三彩标本·唐代

⑤从精致程度鉴定，中国古代唐三彩器皿在化妆土上与精致程度关系较为密切，对于明器三彩而言几乎所有器皿化妆土都十分精细，由此可见，明器三彩在化妆土的施加上是精细化妆土对应精美绝伦的器皿，这一点没有任何疑问。但是对于实用器三彩而言，这种情况显然就是不是很清晰，而是表现出比较复杂化的情况（图4-84），化妆土本身在精细程度上较具一致性，但显然不是最精细的化妆土，它所对应的实用三彩器皿是精致、普通、粗糙的情况都有见。

图 4-85 稠密釉三彩标本·唐代

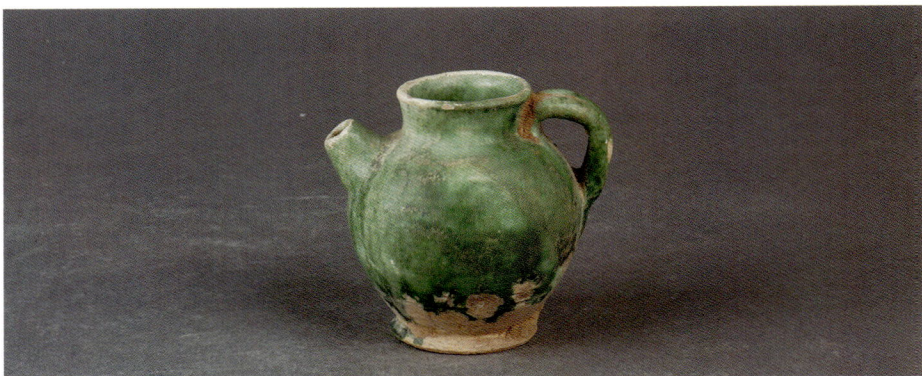

图 4-86 稠密釉三彩执壶·唐代

七、稠 密

背景信息：釉质稠密是唐三彩上最为显著的特征，可以说无论实用还是明器三彩在釉质上基本上都是稠密的特征（图 4-85）。但从概念上看，釉质稠密实际上是一场视觉上的盛宴，并没有判断的标准，主要是根据我们视线来判断，如果我们的视线观测不到唐三彩胎色或者是化妆土的色彩，显然唐三彩的釉质就是稠密的。

鉴定要点：

①从釉层鉴定，釉层的厚薄与三彩釉质稠密没有直接的关联，所以以较厚釉为主的唐三彩釉层厚薄程度从本质上讲没有联系，佢是显然它增加了三彩稠密釉的表现力度以及鲜嫩程度（图 4-86）。鉴定时应注意分辨。

②从实用与明器三彩鉴定，釉质稠密的特征同时适应于明器和实用三彩（见图 4-83），这一点很明确。

③从时代鉴定，中国古代唐三彩釉稠密的现象在时代特征上比较明确，贯穿于整个唐代（图4-87）。

④从窑口鉴定，唐三彩釉质稠密的特征在窑口上并不紧密，是河南巩县窑烧造三彩的主流特征，同时也是诸多搭烧实用器三彩窑场的主流特征（图4-88）。由此可见，唐三彩在釉质上显然是以釉质稠密为显著特征。

⑤从精致程度鉴定，唐三彩釉质稠密的特征与精致程度没有关联，因为无论实用和明器三彩，精致、普通、粗糙三彩在釉质上都是以稠密为显著特征（图4-89），这一点我们在鉴定时应注意分辨。

图4-87 稠密釉三彩标本·唐代

图4-88 稠密釉三彩标本·唐代

图4-89 稠密釉三彩炉·晚唐时期

八、手 感

中国古代唐三彩在手感上给人的印象深刻，明器三彩手感细腻，滋润，光滑，有玉质感，总之是非常的温润（图4-90）。用这些词来形容绞胎和唐三彩的手感其实并不过分，因为唐三彩的确是唐代最高等级的艺术品，它所追求的不仅仅是隽永的造型，凝烁的雕工，绚丽的颜色，更重要的还要满足于人们把玩的要求，目的就是要给人们心灵上的一种慰藉，使人们感受到的唐三彩艺术之美，当然釉质手感客观上需要相当的技术要求，显然这对于明器唐三彩是可以达到的，如巩县窑生产的精致三彩，手有棉感，细腻、温润到了极点，烧造温度比较低，而低温釉的色彩显然是更加艳丽，使手感在感觉上更加舒适；但实用唐三彩显然在手感上达不到明器三彩的水平，这一单是显然的，通过众多的标本触摸，我们可以很明显地感觉出实用三彩失去了温润的感觉（图4-91），因为总是或多或少地会有一些粗涩感，这与其温度高、釉料选料不精等因素有关，这一点我们在鉴定时要注意分辨。从时代上看，手感在时代特征上比较明显，唐高宗至唐玄宗安史之乱之间的三彩在手感上异常细腻，是精美绝伦的艺术珍品，而安史之乱之后的唐三彩显然在手感上有一个很大下降，粗涩感占据了主流地位。

图 4-91 手感略有粗涩感三彩标本·唐代

图 4-90 手感温润三彩标本·唐代

图 4-92　通体施釉三彩枕·唐代

第三节　施釉特征

一、通体施釉

背景信息：中国古代唐三彩通体施釉的情况有见（图 4-92），墓葬和遗址中都有见，从件数特征上看，多为 1 到 2 件，由此可见并不是太多，在总量上也不是很大。

鉴定要点：

①从造型鉴定，通体施釉的唐三彩釉器皿，主要是在特定的造型上常见，较典型的如三彩枕，特别是束腰的枕基本上都是通体施釉（图 4-93），而其他的枕很少有通体施釉的情况，这一点我们在鉴定时应特别注意。还有碗、盘、盒、壶、唐三彩器皿等也都有见通体施釉的情况。对于明器三彩和实用器三彩基本也都是这样。

图 4-93　通体施釉三彩束腰枕·唐代

图 4-94 通体施釉唐三彩标本·唐代

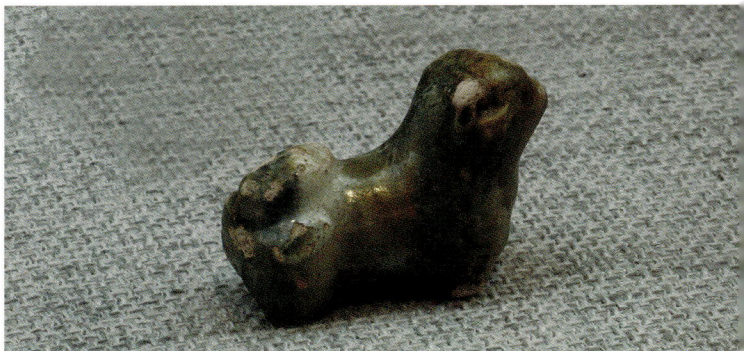

图 4-95 通体施釉三彩小动物·唐代

②从时代鉴定，通体施釉的唐三彩器皿在时代特征上不是很明显，盛唐时代的明器三彩通体施釉的情况有见（图 4-94），但并不是太多；而唐晚期实用器三彩基本上也是这样，多为偶见。

③从窑口鉴定，通体施釉的现象在窑口特征上较为鲜明，著名的巩县窑生产的明器三彩中有见通体施釉者（图 4-95），但显然不是很明显，而实用器搭烧的窑场在通体施釉上也是有见，但绝不是主流，只限于在特定的造型上出现，看来通体施釉并不是唐三彩所推崇的，在唐代还没有像宋代那样以通体施釉为美的习俗。鉴定时应注意分辨。

④从精致程度鉴定，中国古代唐三彩通体施釉与精致程度的关系并不密切，精致、普通、粗糙的三彩器皿当中都有可能出现通体施釉的情况，如一个束腰枕无论是普通、粗糙、还是精致的三彩都是通体施釉，由此可见，唐三彩通体施釉显然是以造型为主（图 4-96），而不是以其他。

图 4-96 通体施釉束腰三彩枕·唐代

图 4-97　局部施釉三彩碟·唐代

二、局部施釉

　　背景信息：局部施釉的唐三彩有见（图 4-97），墓葬、遗址中都有出土，墓葬出土多为 1 ~ 2 件，遗址出土规模巨大，有时可达数百上千件，是唐三彩施釉的主流方式（图 4-98），唐三彩在施釉特征上显然是以各种各样的局部施釉为显著特征。鉴定时应注意分辨。

图 4-98　局部施釉三彩执壶·唐代

鉴定要点：

①从种类鉴定，唐三彩局部施釉的种类十分繁复，几乎囊括了历史上所见过的局部施釉的特征，如施釉不及底、除足外均施釉、施半釉、施釉仅至下腹部等等，但显然以施半釉、以及施釉近底足为显著特征（图4—99），这一点无论是明器还是实用器三彩都是这样。

②从时代鉴定，局部施釉的唐三彩在时代特征上较为鲜明，可以说是贯穿于整个唐代都是这样（图4—100）。

图4—99 局部施釉三彩瓶·唐代

图4—100 局部施釉三彩标本·唐代

图4—101 局部施釉三彩盂·唐代

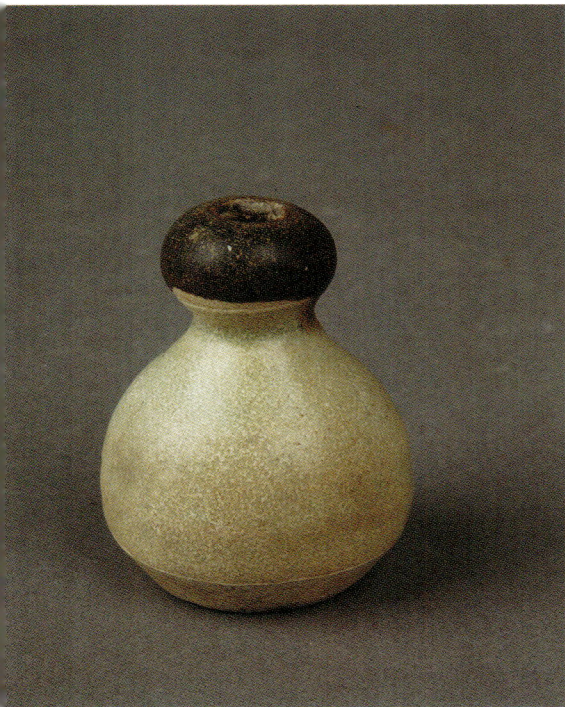

图 4—102 局部施釉三彩碟·唐代

图 4—103 局部施釉三彩瓶·唐代

图 4—104 局部施釉三彩碟注·唐代

③从窑口鉴定，中国古代唐三彩通体施釉者在窑口特征上较为清晰，无论巩县窑生产的明器三彩（图 4—101），还是其他窑口生产的实用三彩在局部施釉特征上基本相似（图 4—102），我们在鉴定时应注意分辨。

④从精致程度鉴定，中国古代唐三彩局部施釉与精致程度的关系不是很密切（图 4—103），可以说关联性不大，因为精致、普通、粗糙的唐三彩上基本上都是以局部施釉为显著特征（图 4—104）。

第五章　窑　口

图 5-1　巩县窑三彩标本·唐代

第一节　窑口简介

　　著名的巩县窑在唐代创烧成功了唐三彩器皿（图 5-1）。实际上，巩县窑不仅创烧了唐三彩，而且以其高超的制瓷技术奇迹般创烧出了绞胎、青花等一些名瓷，可见其高超的工艺水平和技术力量（图 5-2）。巩县窑在很短时间内将唐三彩的烧造推至顶峰，使其成为了唐代物质文明的象征之一，特别是盛唐文化的象征。

图 5-2　巩县窑绞胎瓷枕标本·唐代

图 5-3　巩县窑三彩标本·唐代

图 5-4　巩县窑三彩小动物·唐代

　　在当时烧造唐三彩的窑场，除了巩县窑之外还有如陕西的铜川窑等，但以巩县窑成就最高。陕西铜川窑生产的三彩也较为精致，但多限于大型器物，在总量上很少，几乎可以忽略不计。从明器与实用器皿上看，河南巩县窑和陕西铜川窑烧造明器三彩，其他的窑场很少见有真正意义上的明器三彩存在（图 5-3），从根本上看多属于仿烧巩县窑的产品，风格等同于巩县窑，但在烧造技术和文化内涵等诸多方面均无法与巩县窑相比（图 5-4）。在实用三彩的烧造上巩县窑不见记录，基本上都是仿烧巩县窑的窑场在烧造，情况比较复杂，我们就不再赘述。鉴定时应注意分辨。

　　由于巩县窑的特殊地位，以下重点介绍巩县窑及其烧造器物的情况。

图 5-5　巩县窑三彩碗·唐代

图 5-6　巩县窑三彩罐·唐代

第二节　窑口——巩县窑

一、窑　址

巩县窑位于今天河南省的巩义市，在中华人民共和国成立后找到了传说中的巩县窑，出土了大量巩县窑各种器皿，其中唐三彩最为耀眼，美不胜收，流光溢彩（图 5-5），在工艺上达到了相当高的水平。

唐三彩的烧造主要集中在大小黄冶村附近，这个窑址距离今巩义市东 5 ~ 6 公里处，不远处就是黄河，西北毗邻洛河，黄冶河从窑址中间穿行而过。显然，这是所有窑场所必须要具备的条件，就是水源和水路要方便。在小的窑场，大多中间都有一条河，窑场建在小河边，甚至是小河之上，这样取水会更加方便。由此可见，巩县窑显然具有所有修建窑场的有利条件，这才烧制了人世间精美绝伦的艺术品（图 5-6）。但这些只能说是巩县窑烧造唐三彩的基础，真正大的环境显然是巩县窑地处距离洛阳不远得天独厚的地理位置，"生产唐三彩的主要窑口在距西安 80 公里的耀州窑和距洛阳 100 公里的巩县窑"（郎惠云等，1998 年），这明确说明巩县窑距离京都位置的确是非常近，具有得天独厚的区位优势，从而成就了其千年名窑的美誉。

二、时 代

巩县窑烧造三彩的时代非常明确，就是盛唐时代，鼎盛时期基本上是在唐高宗至"安史之乱"之间这段时间。"安史之乱"之后巩县窑对于三彩的生产基本上暗淡下来，这与衰落后的唐代社会物质文化基础已经大不如盛唐时期有关，难以维系精美绝伦的唐三彩的烧造；而巩县窑作为一个具有优良传统的窑场，绝不会屈就去烧造一些粗制滥造的三彩，宁可消亡（图5-7）。这样，巩县窑对于明器三彩的烧造持续时间很短，"安史之乱"之后基本不见。

图5-7 巩县窑三彩执壶·唐代

图 5-8 巩县窑三彩碗标本·唐代

第三节 巩县窑器物特点

一、窑口类型

　　巩县窑唐三彩在器物造型上十分丰富，常见的有碗（图 5-8）、罐、壶、豆、碟、镇墓兽、天王俑、武官俑、文官俑、武士俑、女立俑、男立俑、牵马俑、骆驼、马、磨、井、灶、杵臼、盏、龙柄壶、盘、盅、驯狮扁壶、七星盘、钵、盂、玩具、烛台、枕、猪、牛、羊、狗、鸡、鸭、亭台楼阁、假山、房屋、仓库、厕所、车、柜等等（图 5-9）。由此可见，种类繁多，数量十分惊人，可见巩县窑在器物造型上无所不包，囊括了现实社会中方方面面的器物，显然是继汉代陶质明器之后又一个明器世界的高峰。

图 5-9 巩县窑三彩盂·唐代

图 5-11 巩县窑三彩盒·唐代

图 5-10 巩县窑三彩瓶·唐代

当然，这些显然不是唐三彩器物造型的全部，很多三彩器形还有着较强的衍生性，如三彩瓶的造型就会有很多种，如双龙耳瓶、扁瓶、花口瓶、瓜棱形瓶等（图 5-10）；俑的造型也比较复杂。我们来看一则实例"1980 年，在永修军山茅粟岗发现葬有三彩器的唐墓 (29)，墓中出土 56 件三彩陶俑，有文仕俑、骑马俑、骑俑及镇墓兽、男女侍俑、胡人俑，高大者达 0.65 米"（江西省文物考古研究所，2000 年）。由此可见，唐三彩在俑的造型上非常多，存在着各种各样的俑，其衍生器物造型极为复杂，也正是因此它们组成了规模庞大的巩县窑三彩器形群，犹如星光璀璨，美不胜收。另外，通过实物观测我们可以发现，巩县窑生产的三彩在器物造型上的特征是种类多，品种全，但在数量上以小件器物为多见，如碗、盘、盏、杯、盒、瓶等（图 5-11），数量明显大于大型器具，巩县窑生产的俑等在造型上也比陕西铜川窑少。

图 5-12　巩县窑三彩执壶·唐代

　　巩县窑烧造的唐三彩在数量上比较丰富，墓葬和遗址内时常有见，特别是一些大型的墓葬当中出土数量非常多，如一些王公贵胄的墓葬当中随葬唐三彩的数量可达上百件（图5-12）。另外，在窑址上发现的器皿数量也非常惊人，但基本上都是残缺的器皿。城址上出土的三彩器皿虽然多，数百上千件的标本都有见，但是真正巩县窑生产的三彩很少见，基本上为偶见的状态，大多数都是实用唐三彩，并非真正意义上的艺术品。

二、器物纹饰

　　巩县窑对于唐三彩的生产显然不是以纹饰取胜，而是以隽永的造型和流光溢彩、绚丽的颜色取胜，但是纹饰也有见，如传统的刻划纹、印花、剔花等纹饰都有见（图5-13）。我们随意来看一则例子，"七星盘（M2：5）唇上有三道细线弦纹，中心划纹为宝相花图案"（陕西省考古研究所隋唐研究室，2001年）。但纹饰图案通常比较简单，在题材上没有过于复杂性的纹饰，而更多是以一些模印的花团纹以及附加堆纹、浮雕的纹饰等，偶见有花团锦簇的局面，花形主要有宝相、莲花、缠枝花卉等，贴花也经常可以看到（图5-14）。从构图上看，纹饰构图简单，但合理性很强，寓意不是很强；纹饰线条流畅，刚劲挺拔，态度认真。由此可见，巩县窑唐三彩虽然并不是以纹饰取胜，但对于纹饰也绝无敷衍。鉴定时应注意分辨。

图5-13　刻划痕迹明显三彩枕·唐代

图5-14　模印花卉纹三彩注·唐代

图 5-15 红褐釉三彩执壶·唐代

图 5-16 黄绿白釉组合三彩武士俑·唐代

三、釉质和胎质

巩县窑唐三彩在釉质上流光溢彩，精美绝伦，多数通体闪烁着淡雅的非金属光泽，显然是在以釉质取胜。巩县窑对于釉质可谓是极尽心力，釉色看上去千变万化（图5-15）。巩县窑烧造的器物釉色主要分为单色釉和组合釉色两种形式，如白釉、褐红釉、绿釉、蓝釉、黑釉、黄釉、淡黄釉等都有见，但更多的是各种釉色的组合，如黄、绿、黑、白釉组合（图5-16）；黄、绿釉组合；白、绿釉组合；黄、绿、白釉组合等，虽然相互组合在一起，但各自保持其独立的色彩属性，这种组合使得黄、绿、黑、白釉的在釉色上的美，通过相互不同比例的融合形成集聚之美。这是唐三彩在釉色组合上的显著特点（图5-17）。

图 5-17 三彩标本·唐代

图 5-19 巩县窑三彩执壶·唐代

图 5-20 巩县窑三彩枕·唐代

　　从色彩的鲜丽程度上看，唐三彩上的黄、绿、黑、白釉在鲜亮程度上没有任何问题，鲜嫩、绚丽，精美绝伦，使人沉醉。从釉质上看，巩县窑唐三彩多有一定的厚度，绞胎釉层均匀，而唐三彩釉釉层以局部均匀为主，手感细腻、滋润，美不胜收。由此可见，巩县窑唐三彩在釉质上几乎达到了纯美的境界。从光泽特征上看，巩县窑烧制的唐三彩在光泽上以鲜亮为主（图 5-19），但不失淡雅，通体闪烁着非金属的淡雅光泽，油性光泽浓郁，组合色彩讲究各种釉色光泽的映照之美。总之，巩县窑三彩在釉质上精美绝伦，几乎无缺憾，是人世间最美的色彩之一（图 5-20）。

图 5-21 巩县窑三彩龙首瓶·唐代

巩县窑三彩在胎质特征上达到了较高水平，基本上都使用高岭土胎，选料优良，具有胎体延展性好、坚固、不变形等特点，胎色以白胎为主，色彩纯正，很少见到杂色的存在（图 5-21）；淘洗异常精炼，精益求精，没有任何敷衍的情况；选料精良和淘洗的精炼造就了巩县窑三彩的精细胎。精细胎体在巩县窑中占据绝对主流地位，略粗胎的基本不见；从厚度上看，巩县窑三彩以略厚胎为主，其他的胎体厚度很少见。在瓷化程度上由于烧造温度比较低，属于低温釉的一种，所以在瓷化程度上有限，还具有较强的吸水性，以至于气孔还是经常有见。从杂质上看，巩县窑三彩在杂质上比较普遍，胎体匀净的情况较为常见，即使有杂质通常也是比较轻微，总之对于杂质的控制在巩县窑三彩中达到了一个较高水平。在规整程度上，巩县窑唐三彩在胎体的规整程度上以规整为显著特征（图 5-22），很少见到胎体有变形的情况。这与巩县窑烧造态度的认真密切相关。巩县窑三彩是精美绝伦的艺术品，人们烧造它的时候都是用心去烧造，所以即使温度低也很少见到不规整的现象。

图 5-22 造型规整巩县窑三彩执壶·唐代

图 5-23　洁白胎三彩标本·唐代

　　总体来说，巩县窑唐三彩在胎体上所表现出的艺术品特质特征非常明显，之所以稳定、致密、坚硬、均匀、细腻、洁白（图 5-23），目的就是为了在胎体上精益求精，"尽善尽美"的胎体与绚丽的色彩相映成趣，互为依托，真正达到了美的极致，体现出唐代社会的自信和包容，以及唐人"身心一致"行事风格（图 5-24）。鉴定时我们应注意体会。

图 5-24　三彩标本·唐代

图 5-25 巩县窑三彩罐·唐代

四、影　响

　　中国古代唐三彩在巩县窑的生产基本上以精致唐三彩为显著特征，巩县窑生产的唐三彩已不能分不出精致与粗糙的区别。事实上巩县窑生产的唐三彩也没有普通和粗糙的产品，这一点从其功能上就可以看得很清楚，因为巩县窑生产的唐三彩基本上都是明器，专一用来随葬的用具（图 5-25）。在唐代有着著名的三彩随葬制度，大夫级以上的官员才会随葬三彩，是唐代社会物质文化极度繁荣的象征，在人们"路不拾遗"的时代（图 5-26），以及对于物质文化没有任何追求的时候产生的最高级的精神产品，正是因为唐三彩承当着如此大的文化使命，所以巩县窑所生产的明器三彩基本上都是精美绝伦的艺术珍品，在工艺上是极尽心力，精益求精，不留任何缺憾，因此巩县窑产品基本上都是精绝之器。这一点我们在鉴定时应注意分辨。

图 5-26 巩县窑三彩盂·唐代

巩县窑唐三彩的影响是深远的（图5-27）。巩县窑三彩是盛唐社会的象征，在唐代就有诸多窑场试图仿烧，只是多数仿造都不得大意而已。在巩县窑停止烧造之后，许多窑场还在继续仿烧唐三彩，如后来出现的辽三彩、宋三彩、朝鲜的"新罗三彩"、日本的"奈良三彩"等（图5-28）。我们再来看一则实例，"英国不列颠博物馆实验室对斯里兰卡曼泰、伊拉克萨马拉、埃及福斯塔特出土的唐三彩进行了多种测试，结果与萨马拉所产三彩在化学成分上有很大差别，从而证实了唐三彩曾出口到西亚和北非"（郎惠云等，1998年）。由此可见，唐三彩的影响极其深远，它不仅仅属于中国，而是属于全世界（图5-29）。总之，巩县窑在历史上是一个传奇，象征着盛唐文化的万千气象。

图 5-27 三彩小动物·唐代

图 5-28 三彩花卉瓷枕·宋代

图 5-29 三彩标本·唐代

第六章 造 型

图 6-1 敞口三彩盂·唐代

第一节 口 部

一、从种类鉴定

　　唐三彩的口部造型比较复杂，涉及造型较为丰富，如敞口、侈口、敛口、小口、大口、撇口、子母口、喇叭口、花口、不规则口等都有见（图 6-1）。可见口部特征十分繁杂，各种各样的口部造型都出现了，而这些口部特征显然不是中国古代唐三彩口部造型的全部，都是一些基本的造型。

　　由此可见，唐三彩在造型上存在着广泛借鉴，几乎借鉴了历史上曾经出现过的所有口部造型，但如此多的口部造型目的显然不完全是实用，如明器三彩本身就是下葬用的明器，显然是不实用的，而是为了达到最适合人们心里的造型，为精美绝伦的艺术品三彩铺路，这一点我们在鉴定时应注意分辨。另外，这些口部造型多数比较复杂，涉及器物造型众多（图 6-2），如敞口的造型从概念上看主要是指口部向外张的比较大的造型，这样将很多口部造型都以囊括在其范畴之内，如花口、圆口、椭圆形口、四方形口、长方形口、不规则口等。从衍生性造型上看，除了子母口等少数口部造型衍生

图 6-2 敞口三彩碗·唐代

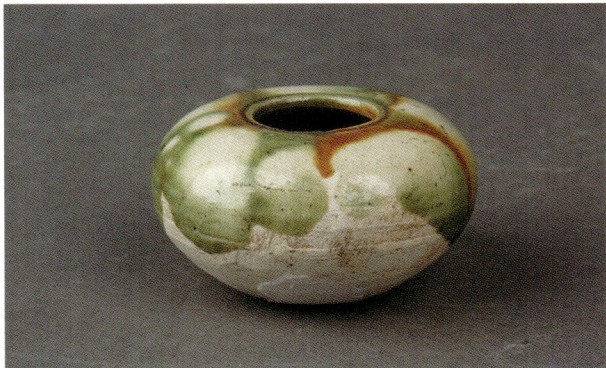
图 6-4　敛口三彩水盂·唐代

图 6-3　喇叭口三彩执壶·唐代

的可能性比较小以外，其他诸多的口部造型在衍生性上都比较强，这一点十分明确，如敛口的造型可以衍生出大敛口和小敛口、微敛口等造型；直口中的近直口、小直口、大直口等显然属于衍生性的造型。由此可见，中国古代绞胎唐三彩口部造型显然是在这些基本造型之下不断衍生、扩大的过程。鉴定时应注意分辨。

二、从数量鉴定

中国古代唐三彩在口部造型种类数量上非常多，但三彩的总量很少，特别是明器三彩在总量上非常少见（图 6-3），而明器三彩口部造型最多，这就说明了一个问题，就是明器三彩的口部造型显然是异常丰富，不同的口部造型出现在不同器物造型上的频率是异常频繁，这一点与其作为精美绝伦的艺术品的功能相一致。而对于实用器三彩来讲，表现出与同时期瓷器等相一致性的口部造型，主要以敞口、侈口、敛口等造型为多见（图 6-4），其他的口部特征数量比较少为显著特征。鉴定时我们应能够把握住这一点。

三、从形制鉴定

　　中国古代唐三彩口部造型在形制特征上并不复杂，而是表现出异乎寻常的常态性，多数造型都是以视觉判断为标准，较为直观，如敞口的造型就非常的明显，就是口部向外张的比较大的口部（图6-5）；敛口的造型就是口部造型有明显的向内敛的过程；模糊不清的情况很少见，但显然也并没有尺寸意义上的标准，而完全是一场视觉上的盛宴。从数量上看，明器三彩和实用器在口部造型上并没有太大的区别。另外，唐三彩在口部形制上还有一个重要的特征，就是各种口部造型经常会出现既相互交融的情况，如喇叭口的造型，显然是由大口、撇口等共同组成（图6-6），当然或许还有其他的造型，这样共同的作用下才能够组成喇叭口的造型，因此一种口部造型的形成往往不是单纯的因素，但这些特征在唐三彩的口部形制造型上表现的都比较明显。

图6-5　大口三彩碗·唐代

图6-6　喇叭口三彩执壶·唐代

图 6-8 敛口三彩水注·唐代

图 6-7 小口三彩瓶·唐代

四、从器形鉴定

中国古代唐三彩口部在器物造型上的特征并不复杂，主要的特点就是不同口部造型会选择常见的器物造型，如敛口常选择的的器物造型为罐、钵、水注、壶、炉等（图 6-7）；而子母口的造型常选择的造型是盒以及有盖的罐、瓶等；侈口选择的造型可能更为广泛，如灯、盘、碗、瓶、碟、盏等器皿之上可能都有见。总之，唐三彩在器物造型上所选择口部造型十分丰富，特别是对于明器三彩的口部造型更是这样（图 6-8），实用器三彩的口部造型在器物造型上的选择显然比明器三彩要简单的多，这一点我们在鉴定时应注意分辨。

五、从功能鉴定

唐三彩口部造型的功能性特征略显复杂，主要是明器和实用器三彩的区别，明器三彩显然口部特征从本质上主要是为了装饰性的需要，但在造型上借鉴的主要是实用器的造型，这样做的目的是贴近人们的视觉审美习惯（图6-9），但明器三彩在口部造型上显然可以随意些，夸张的成分有见，频繁表现的成分有见，不同的器物造型之上频繁地变换口部造型，这一点我们已经可以看得很清楚。而实用器三彩显然达不到这种效果，因为实用三彩的口部造型在功能上是要能实用的，如盆的口部多是为了人们端拿的需要，其次才是装饰的需要，但对于实用三彩而言，由于模仿的是明器三彩的造型，所以装饰性必须要有，因此实用三彩而言，其口部造型在功能上的特征通篇所表现出的主要是实用和装饰相结合的功能（图6-10）。简单的讲就是一件器物既要看起来精美绝伦，又要有实用的功能，而且还必须将这种装饰与实用的功能融合的天衣无缝，这就是唐三彩口部造型在功能上的主要特征。

图6-9 撇口三彩瓶·唐代

图6-10 敛口三彩罐·唐代

图 6-11　圆唇三彩执壶·唐代

第二节　唇　部

一、从种类鉴定

　　中国古代唐三彩在唇部特征上比较复杂，常见的主要有圆唇、方唇、卷唇、尖圆唇、圆唇外翻、折唇、厚圆唇、平唇、厚唇等（图6-11），我们随意来看一则实例"三彩盘1件。广口圆唇"（洛阳市文物工作队，2002年）。由此可见，中国古代唐三彩器皿在唇部造型上比较丰富，然而这还不是其唇部造型的全部，而只是一些基本的造型，在这些基本的造型之外还有许多衍生性的造型，如卷唇可以衍生出外卷唇、微卷唇、弧卷唇、卷圆唇、唇沿微内卷等等；圆唇可以衍生出厚圆唇、尖圆唇、圆唇外翻、圆唇外卷等（图6-12）。实际上每一种唇部在基本造型之下都会或多或少地衍生出一些造型，而也正是这些衍生性造型和基本造型共同组成了规模较为庞大三彩唇部造型群体（图6-13）。

图 6-12　厚圆唇三彩标本·唐代

图 6-13　圆唇近方三彩标本·唐代

图 6-14　圆唇三彩执壶·唐代

图 6-15　圆唇三彩瓶·唐代

二、从数量鉴定

中国古代唐三彩有着灿若繁星的唇部造型特征，在数量上非常复杂，显然它们并不是均衡，而是存在巨大的差异性，对于三彩器皿而言，明器和实用三彩在唇部种类是有不同的，明器三彩上主要以圆唇最为多见（图 6-14），而实用器三彩上则较为丰富，如尖圆唇、折唇、方唇，甚至是尖唇都比较常见，目的显然是为了满足实用的需要。总的来看圆唇的比例最大，由此可见，这一点与同时期的瓷器有着很大的不同，如青、白、黑瓷等主要都是以尖圆唇为显著特征，而在唐三彩之之上却是以圆唇为显著特征，实际上这并不是削弱了三彩的造型美感，而是增强唐三彩釉器皿在造型上的稳重性（图 6-15），以及回旋的余地，为其成为精美绝伦的艺术品奠定了细节上的基础。

三、从形制鉴定

中国古代唐三彩唇部造型并不复杂，而是非常直观，如圆唇看起来非常简单，就是圆唇的造型，方唇的造型也是这样，模糊不定的情况不见（图6-16），厚圆唇的情况也是这样，厚唇和圆唇紧密地结合在一起，显得特有浑厚感，由此可见，唐三彩在唇部造型上的形制完全没有脱离视觉的概念，为一场视觉上的盛宴，但显然没有尺寸意义上的标准，我们在鉴定时应注意分辨。从明器和实用器三彩的区别上看，其唇部造型有着本质不同，低温烧造的明器三彩在形制上显然夸张的成分浓郁，目的是为了斗"美"的需要（图6-17），而完全不必考虑实用的功能。但是对于实用三彩这是不现实的，它唇部厚度达到一定的程度就不能再厚了，因为如果再厚可能就会增加成本、甚至是影响到实用的功能。这一点我们在鉴定时应注意到。

图 6-17 圆唇三彩标本·唐代

图 6-16 直观圆唇三彩标本·唐代

四、从器形鉴定

中国古代唐三彩器皿在器物造型上的特征比较明确，不同的唇部造型会有其常见器物造型上的选择（图6-18），我们先来看唐三彩器皿中数量最多的圆唇及其衍生性造型，从实物观察上看，圆唇显然占据主导的地位，如执壶、碗、盘、壶、盆、罐、豆、盏、盂等诸多器皿都选选择了圆唇及衍生性造型（图6-19），如厚圆唇、圆唇外翻等造型；但是尖唇的造型在唐三彩上黯淡到了极点，无论在明器还是在实用器三彩上都比较少见；薄唇在唐三彩釉器皿当中也比较少见。

图6-18 尖圆唇三彩执壶·唐代

图6-19 圆唇三彩碗·唐代

图 6-20 圆唇三彩龙首注·唐代

图 6-21 圆唇龙首瓶·唐代

五、从功能鉴定

　　唐三彩唇部造型在功能上的特征十分明确，明器三彩主要是以装饰性为主，但取的是实用器的造型（图 6-20），因此即使有实用的成分，但主要也是以装饰性的功能为先导。实用器三彩在唇部造型功能上特征十分明确（图 6-21），主要是以实用为主，在确保实用功能的前提下有效地照顾到装饰的功能，其目的主要还是实用，只是装饰性的意味浓重。

第三节 沿 部

一、从种类鉴定

中国古代唐三彩沿部种类丰富，常见的主要有平沿、折沿、敞沿、卷沿、厚沿、宽沿、窄沿、翻沿等（图6–22），我们来看一则实例"天王俑。头戴翻沿盔"（陕西省考古研究所隋唐研究室，2001年）。由此可见，唐三彩在沿部造型上十分丰富。而这些沿部特征显然不是中国古代唐三彩沿部造型的全部，它们都存在着相当程度的衍生性，几乎每一种基本的沿部造型都可以衍生出诸多衍生性造型。如卷沿可以衍生成卷沿较甚、近卷沿、小卷沿、微卷沿、大卷沿等。厚沿可以衍生出厚卷沿、略厚沿、厚沿微折等。由此可见，中国古代唐三彩沿部造型显然种类异常丰富。这一点我们在鉴定时应注意分辨。

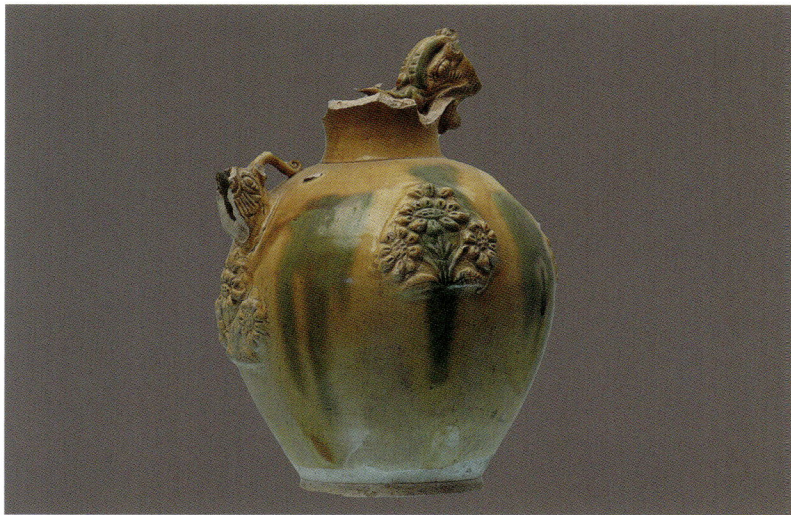

图6–22 撇沿龙首三彩注·唐代

图 6-23　撇沿较厚龙首三彩注·唐代

二、从数量鉴定

　　中国古代唐三彩在沿部造型种类上非常多，但从这些沿部出现的频率上看并不均衡，而是有着较大的差异性特征，如折沿的造型就比较少，而平折沿的造型就比较多，但显然在沿部造型造型上也有固定化的趋势，如较厚沿的造型占据绝对多数（图 6-23），而薄沿的数量几乎不见，由此可见，唐三彩沿部造型在出现的频率上的确是差异性较大。另外，从明器和实用器上看，显然唐三彩在沿部造型上的特征主要是以明器为主，实用器在种类上略少一些。

图 6—24　沿向外卷三彩执壶·唐代

图 6—25　外撇沿三彩执壶·唐代

三、从形制鉴定

　　中国古代唐三彩沿部造型形制特征比较复杂，多数造型都是以视觉判断为标准，较为直观，加之唐三彩较厚的胎体，所以在沿部形制是异常明确的，转、折、溜、弧等沿部造型很明晰，模糊不清的情况很少见（图 6—24），如宽折沿非常明确，较宽和平衍的沿部造型映入眼帘。由此可见，唐三彩在沿部造型特征上完全是一场视觉的盛宴。另外，从形制上看，唐三彩在形制特征上沿部造型会出现相互融合的现象，主要表现是几种沿部造型融合在一起共同组成新的沿部造型，如平沿和折沿经常组合在一起形成平折沿，当然在平折沿当中有时包含着宽沿，有时包含着窄沿；其他的沿部造型也或多或少存在着这种情况，我们在鉴定时应注意分辨。从明器和实用器上看，唐三彩在沿部形制上的特征基本相似（图 6—25），但从种类和变化上看显然是以明器三彩为显著特征。

四、从器形鉴定

中国古代唐三彩在沿部造型上比较简单，主要的特点就是不同沿部造型会选择常见的器物造型，如平沿的造型多出现在盂、盆、香炉等器皿之上（图6-26）；折沿的造型多出现在瓶、钵、灯、盆等器皿之上；敞沿的造型多以碗、盘、唾壶为显著特征。从明器与实用器上看，唐三彩沿部造型在器物造型上的选择明器显然更丰富，这与其艺术品的不实用功能密切相关。鉴定时应注意分辨。

五、从功能鉴定

唐三彩在沿部功能上的特征十分明确，明器三彩主要以装饰性的功能为主，目的是为了实现其震撼的视觉效果。只是取了一些比较接近于人们内心共鸣的实用器造型而已（图6-27）。而实用器三彩沿部造型在功能上的特征则主要是为了实用的需要，但同时模仿明器三彩的装饰性效果，但从本质上看显然并不是真正要制作出与明器三彩一样精美绝伦的艺术品，而只是略表大意而已，主要以实用和装饰的结合为显著特征。

图6-26 平沿三彩盂·唐代

图6-27 外撇沿三彩碗·唐代

图 6—28　鼓腹三彩龙首瓶·唐代

第四节　腹　部

一、从种类鉴定

中国古代唐三彩在腹部造型上种类繁多，常见的腹部种类有鼓腹、浅腹、折腹、深腹、曲腹、坦腹、敞腹、折腹、弧腹等等（图6—28），由此可见，唐三彩在腹部种类上十分丰富。但这些造型显然不是唐三彩腹部造型的终结，而只是一个开始，因为这些腹部造型几乎都可以在造型上衍生出一些衍生性造型，如鼓腹的造型就可以衍生出微鼓腹、大鼓腹、小鼓腹、圆鼓腹、扁鼓腹、瓜棱腹、弧鼓腹等等（图6—29），其他的腹部特征在衍生性上没有鼓腹强，但或多或少地都存在腹部的衍生，由此可见，唐三彩腹部衍生性造型是形成其规模庞大的腹部造型群的主要因素。从不同腹部之间融合性上看，中国古代唐三彩融合性很强，如弧腹和鼓腹就常交融在一起形成弧鼓腹的造型，"你中有我，我中有你"（图6—30），造型的多变性很强。

图 6—29　腹微鼓三彩枕·唐代

图 6—30　弧鼓腹三彩标本·唐代

二、从数量鉴定

中国古代唐三彩在腹部数量特征上有一些差异性特征，但显然有固定化的趋向，如鼓腹及其衍生性造型就比较常见，而直腹、曲腹、敞腹、深腹、浅腹等在数量上少一些（图 6-31）。另外，从明器三彩上看均衡化特征明显一些，而实用器皿三彩在腹部造型上主要是以鼓腹及其衍生性造型为主，弧腹、深腹、浅腹的造型都比较常见。鉴定时应注意分辨。

三、从形制鉴定

唐三彩在腹部形制特征上比较简单，过于复杂的腹部特征基本不见，主要以简洁明快为显著特征，如直腹就是腹部比较直的造型；浅腹的造型也非常明显；总之就是看起来较为直接，完全以视觉为判断的主要标准（图 6-32）。在难度系数上，唐三彩的腹部造型没有难度相当高的情况，如球形腹等就很少，而都是一些取材于当时民间的腹部造型，简单的鼓腹、曲腹、弧腹等造型，只不过是将这些造型制作的非常标准、规整，以此来彰显腹部造型之美，由此可见，唐三彩在器物造型上的确已经是非常成熟，特别是明器三彩几乎很少见到败笔，可见其造型隽永的程度达到了何等的高度。当然从实用三彩的腹部形制来看显然达不到明器三彩的水平。

图 6-31　深腹三彩执壶·唐代

图 6-32　鼓腹三彩注·唐代

图 6-33 鼓腹三彩瓶·唐代

四、从器形鉴定

中国古代唐三彩腹部在器物造型上的特征比较鲜明，不同的唐三彩会选择不同的器物造型。如三彩瓶、罐等的造型基本上都是鼓腹（图 6-33），而枕头等一般情况下都是直腹，碗、盘、盏等以弧腹为显著特征，碟的腹部基本上为浅腹。由此可见，三彩在腹部在器物造型的选择上与同时期的瓷器等并没有太大的区别。从实用和明器上看，实用三彩在腹部特征上各种腹部都存在，且主要以鼓腹、弧腹、浅腹等为多见（图 6-34），原因主要是因为碗、盘、碟等实用器上经常会出现这样的造型，特别是弧鼓腹的造型可谓是异常丰富；但是对于明器三彩而言，器物造型在选择腹部造型上显然比实用器要广泛，各种腹部在不同的器物之上出现，而且有均衡化的趋势，这一点我们在鉴定时应注意分辨。

五、从功能鉴定

中国古代唐三彩在功能特征上比较复杂，主要分为两种情况，明器三彩以装饰性为显著特征，实用的功能退居到极为黯淡的角落里。而实用器三彩在功能特征上也比较明确，就是以实用为先导，兼具有装饰的功能（图 6-35），而且这一点表现的很明晰，有时也见其装饰性很强的实用三彩，但实用的功能仔细观察还是占据着很重要的地位，实用与装饰紧密地结合在一起。

图 6-35 以实用为先导三彩枕标本·唐代

图 6-34 鼓腹三彩瓶·唐代

第五节　底　部

一、从种类鉴定

中国古代唐三彩在底部种类上特征明确，主要是以平底为主（图6—36），圜底的造型也有见，但数量较少。从衍生性造型上看，唐三彩平底的底部造型并不意味着简单，因为平底有着许多衍生性造型，如从大小上看，可以衍生成大平底、小平底（图6—37），以及普通平底等。而从平底的程度上可以衍生出平底微凸、平底微凹的造型；从高矮上可以衍生出高平底、矮平底的造型。由此可见，唐三彩在底部种类特征上也比较丰富。

图6—36　平底三彩枕·唐代

图6—37　大平底三彩罐·唐代

图 6-38 圜底三彩标本·唐代

图 6-39 圜底三彩香炉·晚唐

二、从数量鉴定

　　中国古代唐三彩底部造型在数量上特征比较明确，显然以平底为主，圜底的造型相比之下很少见。平底的各种衍生性造型在数量特征上往往表现出不均衡的特性（图 6-38），明器三彩底部平衍的情况较为普遍，衍生性造型主要出现在实用器三彩之上（图 6-39），可见实用三彩在烧造态度上的确是有问题，烧造质量也参差不齐，从而造成了底部平衍性出现问题，微凸、内凹等造型略微偏离的情况增多。

三、从形制鉴定

中国古代唐三彩底部形制特征比较简单，简洁明快，平底及衍生性造型看起来都非常明显（图6-40），没有太大的难度系数，完全以视觉为判断标准（图6-41），从本质上看为一场视觉的盛宴。

图6-40 平底支足三彩标本·唐代

图6-41 平底三彩枕·唐代

四、从器形鉴定

　　唐三彩底部在器物造型的选择上十分丰富（图 6-42），可以说几乎涉及所有的造型，如碗、盘、碟、盏、盂、钵、盆、炉、灯、盒、壶、瓶等器皿，不同的底部造型会选择特有的器物造型（图 6-43），如大平底的造型，常常会选择盆、碗、盘等造型，而圜底的造型常常会选择三足炉等的器形。不过明器三彩在底部造型的选择上显然比较频繁，而实用三彩在底部造型的选择上显然不如明器频繁，有一些固定化的趋势（图 6-44）。

图 6-42　平底三彩枕·晚唐

图 6-43　平底三彩瓶·唐代

图 6-44　圈足平底三彩碗·唐代

图6—45 平底三彩枕·唐代

图6—46　平底三彩执壶·唐代

图6—47　不是很平衍三彩底部底座·唐代

五、从功能鉴定

中国古代唐三彩底部造型在功能上特征明确（图6—45），明器三彩主要以装饰的功能为主，底部造型较为规整，平底基本上都是平衍，很少出现内凹和微凸的情况，而实用器三彩在功能则主要是以实用为主（图6—46），兼具有装饰的功能，通常实用与装饰功能的结合比较好，但显然不是专一装饰的功能，所以在做工上明显不如明器三彩，如平底常出现各种各样的衍生性造型（图6—47），这一点显而易见。

图 6-48 支足三彩标本·唐代

第六节 足 部

一、从种类鉴定

中国古代唐三彩在足部种类上特征比较复杂（图 6-48），常见的足部造型主要有圈足、喇叭形足、棱形足、兽形足、花形足、玉璧足、卧足、饼足、支足、椭圆形足、四方形足、长方形足、不规则足等等（图 6-49）。

图 6-49 支足三彩标本（局部）·唐代

图 6-50 喇叭形高圈足标本·唐代

图 6-51 立足三彩马·唐代

　　由此可见，中国古代唐三彩在足部种类上十分丰富，不过这些足部造型显然不是足部造型的全部，而都是一些基本的造型，在这些造型之下都或多或少地可以衍生出诸多的衍生性造型，这一点是显而易见的。较典型的如圈足的造型，就可以衍生出数十种圈足的造型，如小圈足、高圈足、矮圈足、圈足外撇、窄圈足、宽圈足、瓜棱形圈足、喇叭形圈足等等（图 6-50），可见唐三彩上圈足的造型的确是丰富到了极点。虽然其他的足部造型在衍生性上都不如圈足丰富，但显然都可以衍生一些造型，这样衍生性造型和基本造型就组成了规模庞大三彩足部造型群，犹如灿烂星河（图 6-51），蔚为壮观。

二、从数量鉴定

中国古代唐三彩足部造型在数量上特征十分明确，主要是以圈足及其衍生性造型的数量为最大（图6-52），其他的足部特征在数量上实际非常小，由此可见，中国古代唐三彩在数量上显然是一个圈足及其衍生性造型的时代（图6-53），其他足部造型都处在一个极为黯淡的角落里。但这种情况在明器三彩上的表现显然弱一些，而在实用器三彩上表现的极其明显（图6-54）。鉴定时应注意分辨。

图6-52 矮圈足微外撇三彩执壶·唐代

图6-53 宽圈足微外撇三彩标本·唐代

图6-54 圈足较矮三彩碗标本·唐代

图 6-55　饼足三彩执壶·唐代

图 6-56　造型简洁明快支足三彩标本·唐代

三、从形制鉴定

中国古代唐三彩在足部造型上的形制特征比较明晰，以简洁明快为主，长方形足就是一个近乎长方形的造型；饼足就是像烧饼一样的圆饼形（图 6-55）。兽足一般情况下也都是非常形象；圈足的各种造型也是比较直观，如矮圈足的造型与整个造型相比的确是比较低矮，宽圈足则真正有一定的宽度。总之，看起来显然是比较直接，以视觉、直觉为主要的判断标准。明器三彩和实用器的区别只是表现在精致程度上而已，在具体的造型上并没有太大的异同（图 6-56）。而且发现唐三彩足部在形制特征上有相互打破的情况，如宽圈足的造型显然是其最主流的造型，其实宽圈足应该还有高与矮的区分。

图 6-57　矮圈足三彩盒·唐代

图 6-58　喇叭形高足盂·唐代

图 6-59　三彩碗标本（正面）·唐代

四、从器形鉴定

中国唐三彩不同的足部造型会选择相应的器物造型（图 6-57），这一点是显而易见的，如支足的造型多选择的是三彩炉，选择碗、盘等造型的可能性很小，基本上唐三彩在足部造型还是遵循了当时最为流行的瓷器上的足部造型，这一点我们在鉴定时应注意分辨。而高圈足、矮圈足、窄圈足、卧足、饼足等足部造型则多选择的是碗、盘、碟、盏、杯、瓶、罐等的造型（图 6-58）。在明器上和实用器三彩上的区别，主要是明器三彩在器物造型的选择上表现的更为丰富。就单个器皿而言，三彩碗所吸纳的足部造型最为丰富，各种各样的圈足基本上都涉及，饼足、卧足、喇叭形高足等也都涉及一些，特别是在实用器三彩中碗的足部造型达到了巅峰状态（图 6-59）。从窑口上看，中国古代唐三彩在盛唐时代和唐晚期足部造型的选择上基本上没有太大的区别，这一点我们在鉴定时应注意分辨。

五、从功能鉴定

中国古代唐三彩在足部造型上与功能的关系比较明确（图6-60），明器三彩主要是装饰的功能，取材于实用器的造型，因此明器三彩上的足部造型与实用器三彩的造型有着千丝万缕的联系，同时与同时期的瓷器足部也有着很深的关联性。而实用三彩足部造型在功能特征上也是比较明确，主要以实用为显著特征，兼具装饰功能（图6-61），实际上从足部造型上看这两种圈足区别并不明显，但是在精致程度上差别比较大，明器三彩在足部特征上几乎全部都是造型隽永者，而实用器三彩在做工上只能说是能够达到实用的标准（图6-62），在造型的美观程度上层次不齐，有造型隽永者，同时也有造型略微变形的情况，显然这是由其实用的功能性特征所致。

图6-60 三彩碗标本（反面）·唐代

图6-61 黄釉三彩注·唐代

图6-62 精美绝伦的假圈足明器三彩执壶·唐代

第七章 识市场

图 7-1 三彩标本·唐代

第一节 逛市场

一、国有文物商店

国有文物商店收藏的三彩具有其他艺术品销售实体所不具备的优势，一是实力雄厚；二是古代三彩数量较多（图 7-1）；三是三彩鉴定专业人员多；四是在进货渠道上层层把关；五是国有企业集体定价，价格比较适中。国有文物商店是我们购买三彩的好去处。基本上每一个省多有国有的文物商店，是文物局的直属事业单位之一。下面我们具体来看一看（表 7-1）：

表 7-1 国有文物商店唐三彩品质优劣表

名称	时代	品种	数量	品质	体积	检测	市场
三彩	唐代	巩县窑	少见	精致	小器为主	通常无	国有文物商店

由上可见，从时代上看，国有文物商店内唐三彩有见，唐三彩明器唐三彩是精美绝伦的艺术品，是唐代物质文化极度繁荣的产物（图7–2），反映了当时上流社会人们的精神面貌，具有重要的研究、艺术、经济价值。从时代上看，明器三彩的时代主要是唐高宗时期至唐玄宗安史之乱这一段时间，其他时间段基本上不存在真正意义上明器三彩的可能。

从出土地点来看，以洛阳和西安为多见，其他地方很少见到。从烧造温度上看，温度比较低，基本上在800℃左右。从釉质上看，釉质鲜丽，手感柔软、细腻，滋润。从使用阶层上看，只有达到级别的官员才能使用，普通人的墓葬当中一般不随葬三彩（图7–3）。由上可见，实际上在唐代三彩就不多见，多是在统治中心区域出现，而且在墓葬中的数量也多受到限制；当时的情况反应到现在文物商店中也是这种情况，多是在洛阳文物商店及陕西省文物商店及河南文物交流中心比较多一些（图7–4），其他地区和文物商店内只是偶有见精美绝伦的唐三彩。

图7–2　三彩标本·唐代

图7–3　三彩标本·唐代

图7–4　三彩标本·唐代

图 7-5 白绿组合三彩盒·唐代

图 7-6 三彩花卉纹标本·唐代

图 7-7 大平底三彩枕·唐宋之际

从窑系上看，唐三彩烧造的窑址已经发现，是河南巩县窑（图 7-5），主要集中在大小黄冶村附近，另外，耀州窑也有可能生产唐三彩，但窑址并未有确切的发现，如"生产唐三彩的主要窑口在距西安 80 公里的耀州窑和距洛阳 100 公里的巩县窑"（郎惠云，1998 年）。由此可见巩县窑距离京都位置的确非常近。唐三彩并未能够形成窑系，玄宗后期巩县窑烧造三彩实际上已经停滞，随着大唐帝国的衰落而衰落（图 7-6）。从品质上看，唐三彩是下葬的明器，但也是精美绝伦的艺术品，因此所有的唐三彩都是精品，这是无疑的，如果有普通和粗糙器皿，则显然不是盛唐三彩，而是唐三彩的一些实用器皿，并不是真正意义上的唐三彩。从体积上看，国有文物商店内的唐三彩在体积上虽然所是大小兼备，但如果从整体上看主要以小器为主（图 7-7）。从检测上看，国有万物商店内的唐三彩通常没有什么检测证书，文物商店其实也是不保真假，不过文物商店内的三彩伪器很少，因为这事关国有文物商店的信誉和鉴定能力问题。

二、大中型古玩市场

大中型古玩市场是三彩销售的主战场，如北京的琉璃厂、潘家园以及郑州古玩城、兰州古玩城、武汉古玩城等都属于比较大的古玩市场（图7-8），集中了很多三彩销售商，像北京报国寺只能算作是中型的古玩市场。下面我们具体来看一下（表7-2）：

表7-2　大中型古玩市场唐三彩品质优劣表

名称	时代	品种	数量	品质	体积	检测	市场
三彩	唐代	巩县窑	少见	精致	小器为主	通常无	大中型古玩市场

图7-8　三彩杯·唐代

由上可见，从时代上看，大中型古玩市场上的唐三彩数量比较多，但真正符合唐三彩时代特征的，如从高宗到玄宗时期的盛唐三彩不多见（图7-9），甚至有些瓷质化的倾向比较明显，显然已经不是真正意义上的唐三彩了，这点我们在鉴定时应注意分辨。从窑口上看，大中型古玩市场的三彩在窑口上并不复杂（图7-10），主要是巩县窑的产品，特别是小件器皿即使在西安，多数也是由巩县窑运送过去的，大器可能有些是耀州窑生产的。

图7-9　红绿黑白釉组合三彩驼俑·唐代

图7-10　三彩标本·唐代

图7-11　三彩花卉纹枕·唐宋之际

　　从数量上看，大中型古玩市场上的唐三彩在数量上琳琅满目（图7—11），但真品的数量却不多见，因为随便到一个古玩市场上看唐三彩都是重头戏，一个市场行就有几千上万件的东西（图7—12），这可能比真正科学发掘的三彩总量都多，所以唐三彩真品在古玩市场上的比例能达到千分之一就已经算是高的了，因此购买唐三彩鉴定是关键。从品质上看，真正的盛唐三彩在品质上整齐划一，基本上都是精美绝伦的艺术品，这一点是我们鉴定的重要标准（图7—13）。

图7—12　三彩绿釉标本·唐代

图7—13　施精细化妆土三彩枕·唐宋之际

　　从体积上看，大中型市场内各个时代的唐三彩主要以小器为主，这一点与唐三彩的特征是一致的，因为唐三彩本身就是明器，是现实生活的缩小版（图7—14）。从检测上看，各个时代的三彩基本上没有经过专家检测，需要自己判断真伪。

图7—14　三彩标本·唐代

三、自发形成的古玩市场

这类市场三五户成群，大一点几十户，这类市场不很稳定，有时不停地换地方，但却是我们购买三彩的好地方（图 7-15），我们具体来看一下（表 7-3）。

表 7-3　自发古玩市场唐三彩品质优劣表

名称	时代	品种	数量	品质	体积	检测	市场
三彩	唐代	巩县窑	少见	精致	小器为主	通常无	自发形成的古玩市场

图 7-15　三彩标本·唐代

由上可见，从时代上看，自发形成的古玩市场上的三彩时代特征很明确，就是唐代（图 7-16），只是真伪难辨，想要淘宝需要具有很高的水平。从窑口上看，自发古玩市场上的三彩在窑口特征上多数是巩县窑生产（图 7-17），因此应与巩县窑产品相互对比鉴定。从数量上看，唐三彩在自发形成的古玩市场上数量更多，可以用泛滥来形容，但是大多不靠谱，有的甚至连高仿品都不能算，满身都是酸咬过的痕迹（图 7-18），浑身是油腻，一般人都可以辨别出来，因此在这类市场上淘宝应特别小心。

图 7-16　三彩菱花枕·唐宋之际

图 7-17　三彩绿釉标本·唐代

图 7-18　三彩标本·唐代

图 7-19　三彩花卉纹标本·唐代

　　从品质上看，唐三彩的品质很明确，就是精美绝伦的艺术品，但遗憾的是自发形成的古玩市场上的唐三彩有很多连器型都不正，器壁歪斜，这些器皿直接可以判定为伪器（图 7-19）。从体积上看，自发形成的古玩市场上的唐三彩大小兼备，比人高的镇墓兽等都常见，其实真正的唐三彩应该是以小器为主，总之在这类市场上提高鉴赏能力是首位的（图 7-20）。从检测上看，这类自发形成的小市场上的瓷器多数没有经过专家长眼，基本上靠自己的鉴赏能力。

图 7-20　三彩标本·唐代

四、网上淘宝

网上购物近些年来成为时尚，同样网上也可以购买三彩（图 7–21），敲击键盘会出现许多销售三彩的网站，下面我们来通过一个表格具体看一下（表 7–4）。

表 7–4　网络市场唐三彩品质优劣表

名称	时代	品种	数量	品质	体积	检测	市场
三彩	唐代	巩县窑	少见	精致	小器为主	通常无	网上淘宝

图 7–21　精美绝伦三彩枕·唐宋之际

图 7–22　三彩花卉纹标本·唐代

图 7–23　三彩绿釉标本·唐代

由上可见，从时代上看，网上淘宝可以通过搜素很便捷地搜到很多唐三彩（图7—22），不能说网上没有真品，但是应该是非常之少，因为可以试想一下网络销售的大量古代珍贵瓷器的货源从哪里来呢？所以不反对从网上淘宝，简单快捷，但应慎重，因为真伪的确是一个大问题（图7—23）。从窑口上看，网络上的唐三彩在窑口当然是以巩县窑为主，即使仿品也都是巩县窑的特征，所以真正掌握巩县窑的烧造特点，是辨别网上三彩真伪的关键（图7—24）。

从数量上看，唐三彩本身应该是数量很好的艺术珍品，但是网络上的唐三彩数量惊人，当然有很多是伪器，这一点谁都能够想到，关键是伪器的数量究竟是多少呢？没有人做过统计，但是可以这样讲仅仅是通过网络上的论坛等买到真品的可能性几乎没有（图7—25）。从品质上看，真正盛唐三彩在品质上自然是最高级别的艺术品，是美的化身，但是网上的唐三彩有很多看起来都很别扭，并不能称之为艺术品，这一点对于普通人来讲倒是比较容易鉴别（图7—26）。从体积上看，唐三彩的大小大器很少，主要以小器为主，网上的唐三彩基本上也是这样，所以从大小上看并不能甄别网上唐三彩真伪，因为图片基本上看不到大小特征（图7—27）。从检测上看，网上淘宝而来的三彩器真伪难辨，完全依靠自己的鉴赏水平。

图7—24 卷唇三彩罐·辽代

图7—25 三彩绿釉标本·唐代

图7—26 三彩标本·唐代

图7—27 直腹三彩枕·唐宋之际

五、拍卖行

三彩拍卖是拍卖行传统的业务之一，是我们淘宝的好地方，具体我们来看（表 7-5）。

表 7-5 拍卖行唐三彩品质优劣表

名称	时代	品种	数量	品质	体积	检测	市场
三彩	唐代	巩县窑	少见	精致	小器为主	通常无	拍卖行

由上可见，从时代上看，唐三彩的时代特征很明确（图 7-28），主要以唐代为主，拍卖行拍卖的唐三彩有见（图 7-29）。从窑口上看，拍卖市场上的唐三彩主要以巩县窑为多见，在窑口特征上通常比较明确（图 7-30）。从数量上看，唐三彩在拍卖行出现的频率并不是很高，因为唐三彩本身数量很少，又多数在博物馆中收藏，民间本身就很少见，因此造成了"物以稀为贵"的局面。

图 7-28 三彩杯·唐代

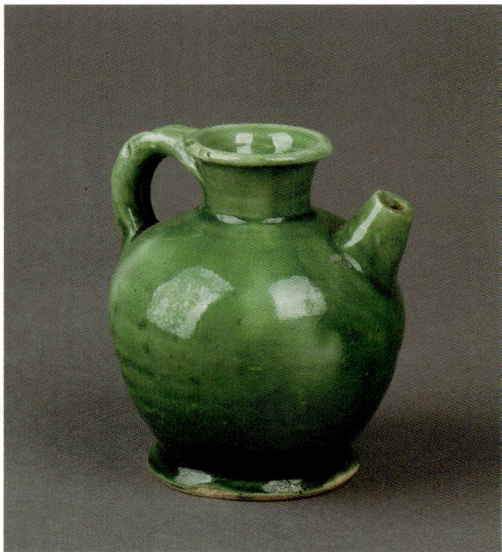
图 7-30 精美绝伦三彩执壶·唐代

图 7-29 三彩绿釉标本·唐代

图 7-31　三彩绿釉标本·唐代

图 7-32　三彩绿釉标本·唐代

　　从品质上看，拍卖行拍卖的唐三彩多数是精美绝伦之器，造型隽永，雕刻凝练，美不胜收（图 7-31），是不可多得的艺术品，一般拍卖行有自己的鉴定人员，东西应该是比较靠谱，但有一点需要提示的就是，拍卖行并不保证真伪，只是一个平台，所以最终判断的还是自己（图 7-32）。从体积上看，在拍卖行出现的唐三彩多数在体积上比较恰当，以小器为主（图 7-33）。从检测上看，拍卖场上的唐三彩没有所谓的鉴定证书，也没法出一个像和田玉那样的国检证书，主要以买家的鉴赏能力为判断标准。

图 7-33　三彩绿釉标本·唐代

六、典当行

典当行也是购买三彩的好去处，典当行的特点是对来货把关比较严格（图7—34、图7—35），一般都是死当的三彩作品才会被用来销售。具体我们来看下（表7—6）。

表7—6 典当行颜色釉瓷器品质优劣表

名称	时代	品种	数量	品质	体积	检测	市场
三彩	唐代	巩县窑	少见	精致	小器为主	通常无	典当行

图7—34 略有磕碰三彩枕·唐宋之际

图7—35 三彩标本·唐代

图 7-36　三彩标本·唐代

图 7-37　三彩花卉纹标本·唐代

图 7-38　三彩花卉纹标本·唐代

　　由上可见，典当行很少见有唐三彩出现（图 7-36），因为唐三彩数量真的是太少了，很少有人会去典当行典当，而且将其变成死当品（图 7-37）。从窑口上看，如果典当行有唐三彩，那么其窑口一般情况下应是巩县窑。从品质上看，典当行内的唐三彩主要以精致为主，普通和粗糙者则是有问题的依据（图 7-38）。从体积上看，唐三彩在体积上特征十分明确，以小器为主。从检测上看，典当行内的三彩制品一般没有检测证书，真伪完全取决于购买者的鉴赏水平。

图 7-39 三彩标本·唐代

第二节 评价格

一、市场参考价

唐三彩在价格上升值很快（图 7-39），唐三彩是一种高档的陶质明器，以高岭土为原料，烧造温度大约在 800℃，色彩多为白、黄、绿、蓝、紫等色彩为主，各种色彩相互交织组合在一起，形成了色彩绚丽的三彩明器，唐三彩是精美的艺术品，不是所有的人在逝去之后都可以随葬唐三彩（图 7-40）。

图 7-40 三彩花卉纹标本·唐代

图 7-41 三彩标本·唐代

　　在唐代有著名的三彩随葬等级制度，官员不达等级则不能随葬三彩，唐三彩的烧造时间很短，创烧成功于唐代高宗时期，盛行于开元、天宝年间，"安史之乱"后开始衰弱（图 7-41），这说明唐三彩从其产生、发展、高潮，以至衰落的过程，仅仅是几十年的时间，这说明唐三彩在烧造时间和数量上都有限。实践证明唐三彩只不过是在洛阳和西安数量较多（图 7-42），其他地区真正意义上的唐三彩并不多见，且多为考古发掘品，偶见留存在社会上的唐三彩在价格上所创造的都是天价，而我们知道这些天价唐三彩，十几年前在文物商店内普通人都可以买得起，其价格上涨的速度是一个奇迹，几乎是一路所向披靡（图 7-43），青云直上九重天，但人们对其依然是趋之若鹜，这是其不断升值的重要原因。

图 7-43 三彩枕·唐宋之际

图 7-42 三彩标本·唐代

图 7-44 三彩标本·唐代

图 7-45 三彩绿釉标本·唐代

　　但大多数实用器、宋三彩、辽三彩等在价格上总体还不是特别高，唐三彩的参考价格也比较复杂。下面让我们来看一下三彩主要的价格，但是，这个价格只是一个参考（图 7-44），因为本书价格是已经抽象过的价格，是研究用的价格，实际上已经隐去了该行业的商业机密，如有雷同，纯属巧合，仅仅是给读者一个参考而已（图 7-45）：

唐三彩马：1900 万～3800 万元。

唐三彩罐：1300 万～2600 万元。

唐三彩摩羯鱼：5000 万～9000 万元。

唐三彩仕女俑：4800 万～8800 万元。

唐三彩碗：0.9 万～1.6 万元。

唐三彩仕女俑：120 万～160 万元。

唐三彩罐：0.6 万～0.9 万元。

唐三彩马：260 万～360 万元。

唐三彩杯：9 万～10 万元。

唐三彩枕：1900 万～290 万元。

唐三彩杯：0.6～0.9 元。

唐三彩胡人骑马俑：200 万～320 万元。

唐三彩武官俑：6 万～10 万元。

唐三彩水盂：2 万～3 万元。

唐三彩马俑：30 万～50 万元。

唐三彩马俑：280 万～390 万元。

唐三彩炉：1.6 万～1.8 万元。

唐三彩罐：0.8 万～0.9 万元。

唐三彩摆件：80 万～120 万元。

唐三彩碗：0.9 万～1.6 万元。

唐三彩罐：1.8 万～2 万元。

唐三彩骆驼：1.6 万～2 万元。

唐三彩枕：18 万～20 万元。

唐三彩瓶：30 万～38 万元。

唐三彩脉枕：10 万～16 万元。

图 7-46 三彩枕·唐宋之际

图 7-47 三彩花卉纹标本·唐代

图 7-48 轻微残缺束腰枕·唐宋之际

图 7-49 三彩标本·唐代

二、砍价技巧

砍价是一种技巧（图 7-46），但并不是根本性商业活动，它的目的就是与对方讨价还价，找到对自己最有利的因素，但从根本上讲砍价是一种技巧，理论上只能将虚高的价格谈下来，但当接近成本时显然是无法真正砍价的（图 7-47），所以忽略三彩品种砍价并不可取。通常三彩的砍价主要有两个方面：

一是品相，三彩在经历了岁月长河之后大多数已经残缺不全，实际上除了窑址之外片状的唐三彩都不容易发现，客观上讲唐三彩损坏的情况也比较严重，所以完残自然也就成为了砍价的利器（图 7-48）。

二是釉色，唐三彩的釉色是最令人陶醉的了，如唐三彩低温釉烧造的黄、绿、白、褐等色更加的鲜嫩，色彩的优质程度显然是唐三彩工艺水平高低的重要评判标准，同时也是砍价的重要依据。从精致程度上看，唐三彩在精致程度上具有唯一性，就是精致器皿，都是精美绝伦之器，是盛唐物质文化达到鼎盛时期的最高等级艺术品，而伪的唐三彩大多是在精致程度上达不到。

总之，唐三彩的砍价技巧涉及时代、造型、窑口、釉色、胎质匀净程度等诸多方面（图 7-49），从中找出缺陷，必将成为砍价利器。

图 7-50 流光溢彩三彩标本·唐代

第三节 懂保养

一、清 洗

    清洗是收藏到唐三彩之后很多人要进行的一项工作，目的就是要把唐三彩陶器表面及其断裂面的灰土和污垢清除干净，但在清洗过程当中应首要保护三彩不受到伤害，首先要观察三彩胎釉结合情况，有没有剥釉现象（图 7-50）。通常情况下，对于唐三彩不可直接入水法来进行清洗，因为唐三彩是低温烧造，一是胎釉剥离的现象有见，二是浸泡后容易使其胎釉产生剥离，反而会对其造成伤害；一般情况下，用纯净水蘸着棉球擦拭土蚀，待其完全溶解后，再用棉球将其擦拭干净。遇到未除干净的唐三彩，可以用牛角刀进行试探性的剔除，如果还未洗净，请送交文物专业修复机构进行处理，千万不要强行剔除，以免伤及釉面。

    实际上，对于唐三彩这样高等级的文物级艺术品，通常情况下应是送到专业的文物修复中心进行清洗，最好不要自己进行非专业化的清洗（图 7-51），以便能让这些历经风雨的唐三彩能够继续穿越时空。

图 7-51 三彩标本·唐代

二、修　复

唐三彩历经沧桑风雨，又是陶器，且是低温釉，所以非常容易受到伤害，磕碰、磨损、破损等都常见（图7-52），大多数唐三彩需要修复，如果只一点小的磨伤等，调色上色就可以了，但是如果有大的残缺，主要包括拼接和配补两部分。

拼接就是用黏合剂把破碎的三彩片重新黏合起来。拼接工作十分复杂，有时想把它们重新黏合起来也十分困难（图7-53），一般情况下主要是根据共同点进行组合，如根据碎片的形状、釉色等特点，逐块进行拼对，最好再进行调整。

最后进行的配补，如有底有口沿的唐三彩碗都可以经过配补将其复原，就是把损坏不存在的部位，恢复到原来的形状，配补的方法很多，主要有填补、模补，一般情况下残缺面积很小的部位，直接拿一块麻布进行填补后，进行修整就可以了，而像残损比较严重的情况就必须进行模补。经过配补而形成的三彩，表面非常粗糙，可以说是坑凹不平，因此就需要对修补材料，特别是用石膏进行修补的表面进行修整（图7-54）。经过修整后的石膏面基本平整，之后再用木砂纸等进行打磨，这样整个修复过程才可以说是完成了。

图 7-53　三彩菱花枕·唐宋之际

图 7-52　三彩绿釉标本·唐代

图 7-54　三彩花卉纹标本·唐代

图 7-55 三彩花卉纹标本·唐代

三、养 护

1.加 固

有相当一部分唐三彩是用石膏修复的，而石膏的机械强度极低，很容易破碎，所以需要对石膏进行加固，使石膏的强度增大（图 7-55），质地坚硬。具体操作方法是把环氧树脂混合液同乙醇按 1∶1 的比例混合后，用毛笔均匀地涂敷在石膏面上，利用乙醇把强度极大的永久性黏合剂环氧树脂混合液带进石膏内，这时的石膏面就会变得异常坚硬，不易破碎。但这种加固并不是一劳永逸的（图 7-56），而需要过一段时间后重复进行加固，不然还有可能会裂开。

图 7-56 三彩花卉纹标本·唐代

图 7-57 三彩枕 · 唐代

2. 相对温度

唐三彩的保养，室内温度很重要，特别是对于经过修复复原的三彩温度尤为重要，因为一般情况下黏合剂都有其温度的最好界限，如果超出就很容易出现黏合不紧密的现象，如热溶胶的溶解温度在55℃左右（图7-57），如果高出这个温度可能就要出问题，但一般都不会高出这个温度，我们在保存时注意就可以了。

3. 相对湿度

唐三彩在相对湿度上一般应保持在 50% 左右（图7-58），如果相对湿度过大，一些受过伤的胎体就会受到水的侵袭，水会沿着哪怕是再微小的裂缝进入到色釉瓷体内，如果温度下降至0℃以下，就会产生巨大张力，从而导致三彩破碎。

图 7-58 三彩绿釉标本 · 唐代

图 7-59　局部施釉三彩枕·唐宋之际

4. 存　放

三彩的存放要放置在震动小的地方，如工厂、铁道旁等就不适宜长期放置三彩真品（图 7-59），因为虽然震动不至于立刻使其开裂，但日积月累以防万一，最好就是像文物库房那样，将器物放置在架子上，而不是放置在柜子中，因为柜子开拉门的时候会产生一定的晃动，对于圈底的器物的处理要稳妥，一般情况下要做一个专门的架子进行放置，总之对于放置，我们应该谨慎（图 7-60）。主要以"不晃动""不磕碰"等为基本原则。

图 7-60　斜直腹三彩枕·唐宋之际

5. 日常维护

唐三彩日常维护比较复杂：

第一步是测量，对三彩的长度、高度、厚度等有效数据进行测量（图7-61），目的很明确，就是对三彩进行研究，因为唐三彩比较贵重，这样做的目的是防止被盗或是被调换。

第二步是拍照，如正视图、俯视图和侧视图等，给三彩保留一个完整的影像资料。

图7-61　三彩绿釉标本·唐代

第三步是建卡，三彩收藏当中很多机构，如博物馆等（图7-62），通常给三彩建立卡片，如名称，包括原来的名字和现在的名字，以及规范的名称；其次是年代，就是这件三彩的制造年代、考古学年代；还有质地、功能、工艺技法、形态特征等的详细文字描述，这样我们就完成了对古三彩收藏最基本的特征。

第四步是建账，机构收藏的三彩，如博物馆通常在测量、拍照、卡片、包括绘图等完成以后，还需要入国家财产总登记账，和分类账两种，一式一份，不能复制，主要内容是将文物编号，有总登记号、名称、年代、质地、数量、尺寸、级别、完残程度以及入藏日期等（图7-63），总登记账要求有电子和纸质两种，使文物的基本账册；藏品分类账也是由总登记号、分类号、名称、年代、质地等组成，以备查阅。

图7-62　三彩枕·唐宋之际

第五步是防止磕碰，唐三彩防止磕碰是保养一项很重要的工作，陶质的唐三彩最容易摔裂，两件三彩相碰会出问题，所以运输需要独立包装，避免碰撞。另外，还要避免其他硬物与唐三彩相互碰撞、摩擦等。

第六步是平时维护时不必要使用湿抹布，这样会损坏其釉面，用鸡毛掸子掸一下灰尘就可以了，可以每天都进行，但要专业人员，不然很容易出事故。

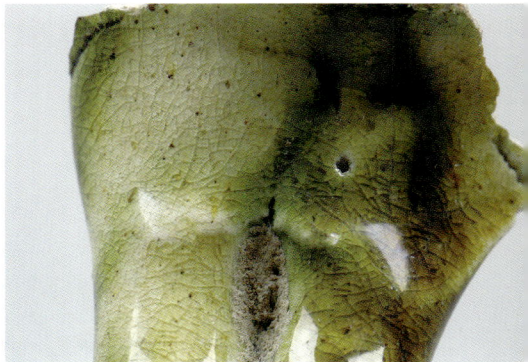

图7-63　三彩标本·唐代

图 7-64 三彩枕 · 唐宋之际

第四节 市场趋势

一、价值判断

　　价值判断就是评价值，我们所做的很多工作，就是要做到能够评判价值（图 7-64）。在评判价值的过程中，也许一件瓷器有很多的价值，但一般来讲我们要能够判断三彩的三大价值（图 7-65），即三彩的研究价值、艺术价值、经济价值。当然，这三大价值是建立在诸多鉴定要点的基础之上的。

图 7-65 三彩绿釉标本 · 唐代

图 7-66 三彩花卉纹标本·唐代

研究价值主要是指在科研上的价值，如唐三彩是盛唐时期物质文化极度繁荣的产物，是唐人上流社会所追逐的时尚（图 7-66），由唐三彩可以窥视到唐代上流社会人们生活的点点滴滴（图 7-67），对于历史学、考古学、人类学、博物馆学、民族学、文物学等诸多领域都有着重要的研究价值，日益成为人们关注的焦点。

图 7-67 有土蚀三彩枕·唐宋之际

图 7-68 精美绝伦的三彩龙首柄瓶·唐代

较研究价值艺术价值就更为复杂，如三彩的造型艺术、釉色、釉质等，都是同时代艺术水平和思想观念的体现，目的显然不仅是要给人们一种视觉上的震撼。关键是还要给人们一种美的启示，要通过这种色彩、一种美使人们感觉到生活的美好，而我们收藏的目的之一就是要挖掘这些艺术价值（图 7-68）。

三彩还具有很高的经济价值，其研究价值、艺术价值、经济价值互为支撑，相辅相成，呈现出的是正比的关系。研究价值和艺术价值越高，经济价值就会越高（图 7-69）。反之经济价值则逐渐降低，不同通常情况下唐三彩都是研究和艺术价值俱佳，这也极大地推动了其经济价值高涨。另外，唐三彩的价值还受到品相等诸多要素的影响，具体情况我们在收藏时可以慢慢体会，但显然三彩的经济需要综合判断。

图 7-69 三彩标本·唐代

图 7-70 束腰枕·唐宋之际

图 7-71　平底三彩枕·唐宋之际

图 7-72　有杂质三彩枕·唐宋之际

二、保值与升值

唐三彩在中国有着悠久的历史，是大唐盛世的产物（图 7-70），产生于唐代，鼎盛于唐代，从其产生、发展、高潮，以至衰弱，仅仅用了几十年的时间，显然为盛唐时期物质文化极度繁荣的象征，它随着盛唐的衰落而坠落，几乎都是精品力作，对于后世影响极大。如在唐代之后产生了宋三彩、辽三彩、新罗三彩、奈良三彩等。从历史上看，三彩是一种盛世的收藏品，在战争和动荡的年代，人们对于唐三彩追求的夙愿会降低，如民国末年很多唐三彩被辗转上海等地叫卖，价格其实并不高，而今盛世三彩受到人们追捧，趋之若鹜（图 7-71）。加之，近些年来股市低迷、楼市不稳有所加剧，越来越多的人把目光投向了唐三彩收藏市场，在这种背景之下唐三彩与资本结缘，成为资本追逐的对象（图 7-72），唐三彩的价格扶摇直上，升值数十上百倍，而且这一趋势依然在迅猛发展。

图 7-73 三彩标本·唐代

图 7-74 三彩标本·唐代

　　总之，从数量上看，对于三彩而言已是不可再生，数量很少，具备了"物以稀为贵"的商品属性，但消费特别大，人们对三彩趋之若鹜（图 7-73），唐三彩不断爆出天价，具有极强的保值、升值的潜力（图 7-74）。

参考文献

[1] 郎惠云，王世和，三辻利一，高场太郎 . 从成分分析探讨唐三彩的传播与流通 [J]. 考古 ,1998(7).

[2] 陕西省考古研究所隋唐研究室 . 西安西郊热电厂二号唐墓发掘简报 [J]. 考古与文物 ,2001(2).

[3] 江西省文物考古研究所 . 江西考古的世纪回顾与思考 [J]. 考古 ,2000(12).

[4] 洛阳市文物工作队 . 洛阳杨文村唐墓 C5M1045 发掘简报 [J]. 考古与文物 ,2002(6).

[5] 江西省文物考古研究所 . 江西考古的世纪回顾与思考 [J]. 考古 ,2000(12).

[6] 偃师商城博物馆 . 河南偃师唐墓发掘报告 [J]. 华夏考古 ,1995(1).